体验业改变未来

改变未来

Experience Industry

振 中◎著

中国发展出版社
CHINA DEVELOPMENT PRESS

U0575913

图书在版编目（CIP）数据

体验业，改变未来/振中著. —北京：中国发展出版社，
2012. 11

ISBN 978 - 7 - 80234 - 864 - 6

Ⅰ. 体… Ⅱ. 振… Ⅲ. 经济学—研究 Ⅳ. F0

中国版本图书馆 CIP 数据核字（2012）第 269489 号

书　　　名：体验业，改变未来
著作责任者：振　中
出 版 发 行：中国发展出版社
　　　　　　（北京市西城区百万庄大街 16 号 8 层　100037）
标 准 书 号：ISBN 978 - 7 - 80234 - 864 - 6
经　销　者：各地新华书店
印　刷　者：北京科信印刷有限公司
开　　　本：700×1000mm　1/16
印　　　张：16.75
字　　　数：246 千字
版　　　次：2013 年 1 月第 1 版
印　　　次：2013 年 1 月第 1 次印刷
定　　　价：32.00 元

咨 询 电 话：(010) 68990642　68990692
购 书 热 线：(010) 68990682　68990686
网　　　址：http://www.develpress.com.cn
电 子 邮 件：fazhanreader@163.com
　　　　　　fazhan02@drc.gov.cn

前言 Foreword
——谨以此书献给父母

　　你愿意带你的小孩一起去体验陶瓷制作、传统造纸、模拟的地震、模拟的月球行走，和小孩一起学习关于这方面的科技、人文知识吗？如果你是南方人，所在城市的郊区最近建了一个小小的人工草原，能让你纵马驰骋，还有蒙古包、塞外食品、蒙古式篝火晚会等内容，你愿意体验一下吗？如果有一个演艺体验公司，你可以同你的恋人或小孩亲自参加演一个剧本片断，演艺体验公司提供指导、场地、道具以及必要的配角，并将你们的演出摄制下来刻录成 DVD 赠送给你，你愿意体验一下吗？

　　有需求就会有市场。本书就是试图告诉人们，其实我们还有体验的需求，我们可以提供各种体验服务来满足消费者的体验需求，来形成一种新的生产，新的市场，新的经济和产业，新的财富源泉。

　　近几年来，有关体验的报道频频见诸报端。一则新闻是介绍青年学生在科技馆体验月球行走的，画面上的少男少女很兴奋地像宇航员一样"飘飘然"地行走着。这种体验深深地吸引和影响了他们，也让笔者意识到体验业的产业价值和魅力，以及由此产生的巨大的消费需求和经济利益。第二则新闻是一群老师带着孩子在一个陶瓷博览会上体验制作陶瓷，大家也很兴致盎然。第三则新闻是北京全聚德烤鸭店在店庆期间举办了一个活动，即让顾客在技术人员的指导下体验烤鸭的过程，画面上那位中年妇女看上去也是很有兴趣、很愉快的样子。

这些信息都显示了体验业的重要性。

2006 年 8 月，笔者正式开始了本书的写作。让人高兴的是，从 2006 年开始写本书至今，社会上涌现出来的各种体验服务越来越多。但是，这些体验服务总量规模还较小，尚未形成真正的体验产业，也缺乏系统的理论作为其发展的精神支持。笔者希望能有一批有识之士，看到体验业的价值及其潜力所在，大力推动我国乃至全世界的体验服务迅速发展，成长为一个真正的产业，既造福人们，也成就自己。

感谢我的父母，他们不仅抚育了我，而且在极其艰难的情况下尽力支持我接受较好的教育。也要衷心地感谢我的姐夫和姐姐，他们在支持我的学业时不遗余力，像父母一样揽起这份额外的责任。

同时，还要感谢您，亲爱的读者，感谢您选择和阅读本书！祝愿您阅读后有一些小小的收获。

虽然笔者是尽力而为，但由于学识水平和获取资料的途径有限，加上资料甄别的难度大等原因，本书难免会出现一些不足或错误，欢迎大家提出宝贵的建议和批评指正。

电子邮箱：41396951@qq.com 博客：tiyanye.blog.sohu.com

作 者

2012 年 10 月

目录 Contents

第 1 章　生活中的体验业

体验模拟地震　学习生活科学／2

让消费者体验失重飞行的美国"零重力"公司／4

儿童职业体验馆发展迅猛／7

景德镇体验陶瓷制作的游客日益火爆／9

体验有趣的传统婚礼／11

新兴的体验项目——激光镭射野战／13

潜水体验成为时尚项目／14

第 2 章　体验的相关概念及属性

什么是体验／20

体验的四大属性／25

一些不属于体验的行为／28

体验业的主要属性及与娱乐等的区别／30

体验资源的基本属性和种类／37

体验经济理论／40

体验业与体验营销／48

第 3 章　体验和体验项目的分类

　　按体验对象不同进行分类／54

　　按体验目的不同进行分类／62

　　按主要消费者的来源地不同进行分类／67

　　按体验对象与日常需求的关系进行分类／69

　　其他分类／72

第 4 章　为什么要发展体验业

　　体验业——财富新源泉／76

　　体验业——获取成绩的新途径／82

　　体验业——促进文化新发展／85

　　体验有风险，投资需谨慎／90

第 5 章　体验消费需求分析

　　物质和生命的存在与发展／96

　　意识与体验需求／98

　　心理调节与体验需求／107

　　体验需求属于人的高级需求／111

　　影响体验需求的因素／122

第 6 章　体验消费市场分析

　　根据年龄划分的消费市场／130

　　按经济发展水平划分的消费市场／135

　　按日期特殊性划分的消费市场／145

　　按文化体验资源划分的消费市场／147

第 7 章　体验企业的经营策略分析

投资项目分析 ∕ 152

服务内容的经营策略 ∕ 156

营销策略分析 ∕ 162

体验服务的推广 ∕ 170

第 8 章　体验资源及未来

重要的体验资源 ∕ 174

展望体验业的未来 ∕ 205

第 9 章　部分体验企业的创业方案

演艺体验企业创业方案 ∕ 208

乡村生活体验企业创业方案 ∕ 214

野外生存体验企业创业方案 ∕ 220

军事体验企业创业方案 ∕ 224

第 10 章　体验服务商

国内外现有的部分体验服务提供商 ∕ 232

部分其他不规则的体验服务 ∕ 252

参考文献 ∕ 257

第 1 章

Experience industry

生活中体验业

体验模拟地震　学习生活科学①

　　地震也可以模拟？老百姓也能亲身感受唐山大地震时的情景，并从中获取逃生自救的防护知识？近日，北京市消防防灾教育馆引进的地震体验台实现了这一设想。

　　8月26日（笔者注：2003年）上午，这里刚刚接待完一批青少年宫的小朋友。他们进入这个占地约15平方米的房间，体验了昔日的"大地震"。记者也前来感受了一番。

　　当机器开动后，房屋开始轻微摇晃，人立刻感到来自不同方向的强烈震撼。接着，整个房屋开始剧烈摇摆，地板呈水平状摇晃，可谓"地动山摇"。屋内的餐桌、灶具、电热水器等家具设施上下震动，有的甚至已脱位、掉落，家具的撞击声伴随着强烈的轰响声充斥耳膜。一分钟后，震感才渐渐消失。

　　"如果真正发生地震，刚才你就犯了两个致命的错误。"体验完8级模拟地震，走出体验台，记者就被防灾指导处的罗昌伟教官告知，"地震时，站立在房间中央是非常危险的。正确的自救方法应该是及时寻找支撑物躲避，如趴在桌子下，手护头部，同时，你没有及时关掉燃气灶，这样就会引发火灾。"

　　"它是目前国内唯一一台用于市民防灾教育的地震体验装置。"罗昌伟告诉

---

① 见于新浪新闻中心（http：//news. sina. com. cn/e/2003 – 08 – 29/0335653646s. shtml）。

记者，"工作人员只要将地震的震级、烈度等数据输入计算机，就能设置 3～11 级不同震级的地震，并可以按要求模拟日本阪神大地震、日本关东大地震、中国台湾中部大地震等 8 个世界有名的大地震。"

据北京市消防教育训练中心的金巍处长介绍，暑期有许多单位打电话来要求特别预约地震体验和防震培训，平均团体接待量达到每周三四次。"现在市民的忧患意识是增强了，例如前不久内蒙古地震，北京居民也有震感，大家开始警觉，防震意识提高了"。

不过，许多来培训的市民也表现出其对最基本的防震知识的了解非常匮乏：例如有的学员认为地震来了就只有死路一条，坐以待毙，而其实地震是可以自救、减少伤害的。还有人认为在地震中死的人大都是因为房屋倒塌而被砸死、压死。实际上，地震伴随的次生灾害更可怕，如火灾、瘟疫等。震惊世界的日本关东大地震中，大部分遇难者都是葬身火海的。金巍说："要想掌握正确的逃生要领，就要在防灾培训中正确、认真地练习。否则面临灾难，人们往往猝不及防、束手无策①。"

思考题

除了文章中提到的体验地震和海啸等项目，您认为还有什么类似的项目可以开发出来让大家来体验？

---

① 2005 年 10 月 8 日发生的南亚大地震造成了重大人员伤亡。有文章指出，此次地震造成重大人员伤亡的四大原因之一，就是当地居民对地震和防灾知识的严重匮乏。

让消费者体验失重飞行的美国"零重力"公司^①

美国佛罗里达州劳德代尔堡的零重力公司（Zero Gravity Corporation）利用美国国家航空航天局位于佛罗里达州肯尼迪航天中心的航天飞机着陆跑道，进行了多次失重飞行。该公司用一架波音 737 – 200 飞机——"重力一号"飞行抛物线弹道，在机内暂时产生失重环境。美国国家航空航天局和欧洲空间局多年来也通过这种方式制造微重力环境并进行试验。

零重力公司总裁皮特·迪亚曼迪斯介绍说："这是非同一般的飞行，但是绝无危险。"航天局说，新的旅游项目好似把"翻滚过山车"的游戏送上了天。零重力公司将使用经过改造的波音 727 – 200 飞机，把希望体验失重感觉的人们送进一个全新的世界，满足他们的心愿。这架飞机内拆去了部分坐椅，将从 24000 英尺的高度以 45 度的姿态平稳升空，当达到 34000 英尺高度后，以最大 30 度的角度高速俯冲，在飞机内造成"零重力"环境。乘客在机舱里失重，可以变成"超人"，轻飘飘地自由飞行。整个过程将持续一分钟，每次飞行将重复 15 次，总的飞行时间约 90 分钟。每位游客的票价大约是 3750 美元。全机将有 7 位驾驶员和乘务员，最多可以搭载 50 位乘客。该公司至今已让大约 2500 名乘客体验了

---

① 见于美国 CNN 新闻网（http://edition.cnn.com/2007/TECH/space/04/26/hawking.flight.ap/index.html）。

这一过程，只有1%或2%的人感到身体不适。

　　在该公司邀请下，2007 年 4 月 26 日，英国剑桥大学著名空间物理学家史蒂芬·霍金免费体验了失重飞行，并且安全返回地面。霍金在登机前做了简短发言："你们可以想象我有多兴奋。我被绑在轮椅上接近 40 年，现在终于可以体

图 1.1　乘客在飞行中体验失重的感觉

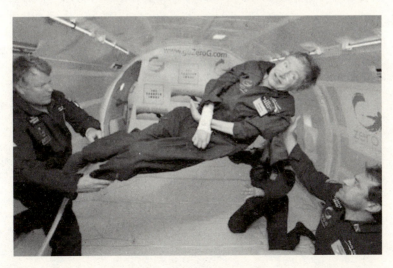

图 1.2　霍金在体验失重飞行

验自由自在的感觉。"在体验的整个过程中他一直在笑。霍金先后进行了 8 次俯冲失重体验，比原计划增加了 2 次。如果公司服务员不阻止他，他还会飞得更多。完成空中失重体验后，霍金兴奋地说："这真是太棒了！零重力部分我觉得非常精彩！"

肯尼迪航天中心主任吉姆·肯尼迪（Jim Kennedy）在一份声明中表示："我们很高兴零重力公司能来到航天飞机着陆跑道，执行拓宽该设施用途的第一个项目。他们的活动将有利于与公众分享空间飞行体验，尤其是其中很多体验者是正在培养着我们下一代探索者们的教育家。这对美国国家航空航天局的工作及其所开展的教育活动形成了有力的配合"。

经美国航空管理局批准，零重力公司于 2004 年成立，总部设在佛罗里达州，主打项目之一就是失重飞行，让飞机在高空反复爬升和俯冲，使乘客身体时而承受超过自身重量的负荷，时而又瞬间失重，就像在太空漫步一样。

 思考题

1. 从霍金的表现来思考一下，人们为什么会有体验的需求？体验能给人们带来什么？关于体验需求的分析我们将在第五章展开。

2. 肯尼迪航天中心主任吉姆·肯尼迪的声明在一定程度上揭示了体验或者体验业的意义，你能想出它具有哪些意义吗？

3. 请你思考一下该公司邀请霍金免费体验失重飞行之举在营销战略上的意义。

儿童职业体验馆发展迅猛[①]

这个暑假，31℃高温，珠海的胡敏带着 5 岁的女儿在上海世博园育乐湾儿童职业体验馆门口排队，撑着伞等了近 3 个小时。女儿虽然有些不耐烦，但终归抵挡不住一进去就可以自己当小蛋糕师、做小记者的好奇心。

这是个虚拟世界，模拟了警察局、烘焙房、消防队、电视台等 20 多个职业场所，每一个场所的大小是真实世界的 2/3。女儿最想做挤奶工，因为挤完奶，还可以看原奶提炼成可供食用的牛奶的全过程，最后还可以真的喝上自己的成果。牛奶竟然可以自己做，对女儿来说这很神奇。

胡敏让女儿自己挑选职业，自己报名，自己排队。女儿"工作"时，胡敏就在玻璃房外看着她。不过在美容中心里，胡敏亲自享受了一把，当起美容师的女儿给她做了一套清洁、保养的服务。这是特意为家长安排的互动环节。

胡敏说，这是她第一次带女儿感受儿童职业体验馆。这里有很多新鲜的职业，比如环保水资源公司、未来电力公司、机器人制作公司，也有常见的，像美容中心、媒体中心、警署、消防局、医院、乳品公司，等等。不论是否新鲜，都可以让孩子了解工作到底是怎么回事。女儿挑的是常见的职业。可能孩子没

---

① 仅为摘选，全文请访问新浪网（http: //style. sina. com. cn/news/b/2010 - 09 - 06/101166947. shtml）。

有什么心理压力，做这些都像是玩游戏，满足了好奇心，也有成就感。胡敏并不是想让孩子体会劳动的辛苦，而是想让她享受自己选择的事情，面对和解决其中的问题。

这种体验式教育场馆最早出现在韩国。1997 年，韩国 HAJA 儿童职业体验馆面世。1999 年，Kidzania（趣志家）第一家旗舰店在墨西哥开业，十年内其规模扩大到全球范围，成为全球儿童职业体验行业的领导品牌。2012 年 9 月其分店将在上海完工。2008 年，中国内地第一家儿童职业体验馆诞生。截止到 2010 年 3 月，已有 13 家场馆开业，30 余家场馆正在筹建中，其扩张速度惊人。目前还少有一个城市有两个馆的状况，但很多馆都在建设分馆，并渗透到其他城市。广州正在计划和已经在建的项目就接近 5 个。

延伸阅读　　　　　　**国内的儿童职业体验馆**

　　国内已经开始营业的儿童职业体验馆有北京的宝贝当家、蓝天城、比如世界、佳加欢、小人国、欢乐之都，天津的开迪树、希乐城，杭州的 Do 都城，上海、武汉、广州、济南的星期 8 小镇，南京的柠卡王国、果壳里·弘阳、东方娃娃动漫大世界属相国，苏州的大未来，长沙的酷贝拉，郑州点点梦想城，石家庄的大人物，哈尔滨的哈乐城，沈阳的梦想天地国际成长中心，呼和浩特的快乐星期，大同的 I Do 梦想城，等等。

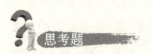

　　1. 请思考一下，为什么可以开发出儿童职业体验馆这样的项目呢？人们喜欢它的原因是什么？

　　2. 还有类似的项目可以开发吗？

景德镇体验陶瓷制作的游客日益火爆[①]

景德镇在线讯：随着暑假即将来临，景德镇陶艺培训中心已经接到来自湖北、安徽、浙江、江苏、上海、北京等地的夏令营团队预订，共计十几个批次，1000多人次。正在确认过程中的夏令营团队预订仍在不断增加。陶艺培训中心正积极地与各大入境旅行社合作，为开辟海外客源市场打好基础。

近年来，景德镇市的旅游又增添了新的项目，来瓷都旅游的人们都可以来到位于市第一中专的陶艺培训中心，亲身体验陶瓷制作的过程。

该体验项目是以现代陶艺为文化承载，以传统手工陶瓷生产工艺为实践基础，深入地挖掘陶艺文化的内涵，直观地再现了现代陶艺创作的过程。将陶瓷生产工艺中，最能体现艺术创造力的拉坯、捏雕、陶瓷彩绘三道主要工序展现于游人面前，供人们动手体验，并让每位客人都能带回一件或多件自己创作的作品。

目前，每月都有千余名游客来到陶艺培训中心，参加陶艺实践。这一项目已经被当地及周边地区的各大旅行社列入了主要推介的线路中。南昌、九江、上饶、抚州等地的中小学校，也把陶艺培训中心作为培养学生动手能力，增强

① 见于景德镇旅游网（http://www.jdzol.com.cn/get/2007wzcd/2009081007929104757 1836275.html）。

学生综合素质的校外活动基地。2009 年，江西省教育学会陶艺委员会正式将该中心确定为全省陶艺大赛定点承办单位。

　　陶艺体验项目的开发，使景德镇市的旅游接待项目，由单纯的参观游览转向了游客全方位的参与，填补了景德镇市旅游六大要素中"娱乐"项目的空白，深受广大游客、青少年学生和陶艺爱好者的欢迎。陶艺体验已逐渐成为来瓷都旅游者的必选活动项目之一，同时，也成为吸引更多游客来景德镇旅游的主要因素之一。

图 1.3　体验陶艺制作

思考题

　1. 除了陶瓷制作值得体验外，茶叶制作、豆腐制作、酿酒也可以吗？

　2. 还有其他类似的项目可以开发吗？

体验有趣的传统婚礼①

据台湾中华新闻网 9 月 22 日（笔者注：2005 年）报道，想有一场不一样婚礼的新人请注意，"观光局"茂林风景区昨日宣布，10 月份将举办南岛族群婚礼嘉年华，连续四周分别举行排湾族、鲁凯族、邹族、布农族的传统婚礼。目前已有 20 对新人报名，以体验包括抢亲、荡秋千等原住民婚嫁习俗，想结婚的新人请尽快报名。

茂林风景区管理处长蔡财兴指出，茂林风景区邻近有三地门、雾台、茂林、桃源、六龟、三民等原住民部落。该区从 10 月 1 日起每周六将依序推出排湾族、鲁凯族、邹族、布农族传统婚礼，所有仪式、用品、衣着等都将依原住民礼俗办理，目前已有 20 对中、外新人报名参加。

其表示，排湾族、鲁凯族、邹族、布农族等四族的婚礼仪式完全不同：排湾族最有特色的就是荡秋千及背新娘；鲁凯族婚礼则要隆重地举办 3 天，必须先后在男女双方家里宴请族人；邹族较为简单，但婚后女婿要到岳父家服役一段时间；布农族则是最原始的抢婚方式，且新郎、新娘要在女方家中圆房后，新郎才能把美娇娘抱回家。

茂林风景区管理处表示，欢迎全体民众前往玛家原住民族文化园区，共同

---

① 摘编自海峡导报网（http：//www.hxdb.com.cn/docc/v_news.asp？vid=36222）。

为四场参加原住民婚礼的新人祝福，届时不但可接触体验到不同的原住民文化，现场并有原住民工艺特产展销会，也可品尝到不同的原住民风情美食。

2010年4月16日，韩国首尔仁寺洞，来自墨西哥的"新娘"（中）和来自乌兹别克斯坦的"新郎"（右）一起观看表演。

图1.4　韩国传统婚礼（新华社记者何璐璐摄）

当日，2010韩国首尔"传统婚礼再现"活动首次举行。该活动将韩国传统婚礼形式进行再现，任何市民和外国人都可以通过申请成为婚礼主角，体验传统文化。该活动每年4月、5月、6月、9月和10月每周举行两次。

思考题

1. 你觉得你有这种体验需求吗？或者说，当你看到有此项目，有去体验一下的冲动吗？然后请想想为什么会有或没有这种冲动。

2. 除了婚嫁仪式，你觉得还有什么类似的体验项目可以开发出来？

新兴的体验项目——激光镭射野战[①]

激光镭射野战最早起源于欧美国家，现在开始在中国内地流行。

这是一种新兴的体验项目，利用高科技的激光电子设备来模仿战斗的过程，参加活动的人员手持激光枪，身穿迷彩军服，在丛林与废墟中穿梭，与"敌人"展开激烈的"战斗"，亲身体验只有在电影或网络游戏当中才能看到的场景。该游戏使用激光仿真枪与感应系统。枪支利用电子原理发射出看不见的镭射光束，击中对方身上佩戴的感应器之后，电子系统就会自动记录损伤程度。由于完全利用电子设备与高科技光学系统，在"战斗"当中不会发射一颗子弹，所以不会在身体上留下任何伤疤，更不会有严重创伤的危险，也没有子弹限制与环境污染，你可以像电影与游戏中的英雄一样对"敌人"展开最猛烈的攻势。

现在很多公司与组织开始用野战体验来锻炼团队的合作能力以及经理们的领导能力。商场如战场，在模拟的战斗环境下可以充分考验一个团队及其领导的能力，在不断变化的战场环境下，只有创新与合理利用战术，才能够取得最终的"胜利"。通过体验野战，人们可以在娱乐当中放松，在激烈的竞争当中提高团队的合作能力。

现在有很多拓展训练服务公司/基地都在提供野战体验服务。

---

① 笔者摘编自多篇新闻。

潜水体验成为时尚项目①

史上最长的黄金周马上就要到来，业界预计，潜水旅游将再创新高。

2009年8月30日下午3点，三亚大东海，游人如织。

德贝送客人的游船抵达潜水平台后，立马返航。接待我们的德贝助理教练说，后面还有好几批客人等着过来"体验"。

我们是参加考证培训的学员，而在同一艘船上还有不少"体验"的游客。德贝潜水中心的技术总监刘国明告诉我们：今年春节，蜂拥进三亚的游客达35.39万人次。那几天，公司全员都上一线服务，接送"游客潜水体验"的三艘船一天来回要走60余趟。

1997～2000年是我国潜水体验运动的快速发展阶段，体验式潜水热得有些烫手。在最火爆的2000年，大东海长达6公里的海滩上就挤着15家从事体验式潜水的俱乐部。现仍在经营的只有包括德贝在内的4家。

国内休闲潜水带动起"考证热"。据刘国明介绍，其公司成立6年来，经德贝培训结业，获CMAS（世界潜水联合会）、PADI（潜水教练专业协会）、SSI（国际水肺潜水学校）三种证书的学员达800多人。

---

① 摘选自腾讯网2009年9月的新闻，原标题为《潜水堪称时尚体育潜力股 发烧级装备至少万元》（http：//sports.qq.com/a/20090909/000455.htm）。

图 1.5　体验潜水

潜水的蛋糕有多大?

从经营角度上说,能带来利润的主要有这样几项:

体验式潜水——主要针对的是短暂到三亚来玩的游客。参与者只需要符合潜水要求的身体条件,不需要潜水证,多数人都可以体验。入水半小时,价格三四百元不等。在目前开展的各项潜水经营项目里,这项的业务量最大,为各俱乐部贡献的利润最多。

2009 年春节,德贝仅大东海这一个点,每天接待量都在 1200 ~ 1500 人之间。专门到三亚考察的 PADI 的市场总监,看到"这么多人在海上煮饺子式地体验潜水,感到非常惊讶,也非常羡慕,潜水发达国家都还没有过这样的奇观"。

在中国,潜水受制于开展条件所限,与同属时尚高端项目的航空运动一样仍属"稀罕品"。怎么让这项运动更为民众所接受,潜水业界正在转变思路,准备由海上向内陆进军。据刘国明介绍,他们将与北京等内陆城市的酒店、俱乐部合作开展潜水培训,并派人员到云南等旅游、湖泊资源丰富的省市,与当地俱乐部合作开发湖泊、洞穴潜水活动。

报刊关于体验项目的部分报道

（天津）《每日新报》2012年4月16日第B4天津新闻版，以《亚洲最大儿童职业体验馆"希乐城"21日开张纳客》为题，报道了天津希乐城儿童职业体验馆提供体验法官、消防员等各种职业的服务。

（上海）《青年报》2012年4月13日第B08微生活·青春荟版，以《汉服小白菜进社区，法国帅哥也来报名君子淑女养成班》为题，报道了上海市汉未央文化传统促进中心举行汉礼、射艺等古代文化体验、学习活动，法国小伙子也来报名体验。

（南京）《南京晨报》2012年3月27日第B11小记者作品版，以《25分钟体验卖报的辛苦》为题，报道了一名《南京晨报》小记者参加体验卖报的活动。

（杭州）《现代金报》2012年3月19日第B8学通社版，以《星期天向天宫城堡出发》为题报道了宁波天宫城堡儿童职业体验馆的小记者职业体验馆。

（北京）《法制晚报》2011年9月7日第A04本市·动态版，以《平安人寿少儿客户参加"儿童职业体验"》为题，报道了平安人寿的少儿客户在北京市的《蓝天城》少儿职业体验场馆参加儿童职业体验。

（武汉）《长江日报》2011年6月27日第8社会新闻版，以《国内首家儿童社会体验馆——"小伢当家"落户汉阳》为题，报道了汉阳小伢当家儿童社会体验馆。

（南京）《现代快报》2011年4月16日第B2生活苏州版，以《中外名模体验苏式古典婚礼》为题，报道了参加首届中国国际旅游服饰服装赛博会的30多名中外名模来到苏州历史文化名街平江路时，遇上正在举办的苏式古典民俗婚礼，欣然参加体验。

（重庆）《重庆日报》2010年12月25日第003综合版，以《鸿恩寺儿童公园有望明年春节建成开园》为题，报道了重庆鸿恩寺儿童公园将在2011年建成，并设有儿童职业体验中心，以提供体验法官、消防员等职业的服务。

（洛阳）《洛阳晚报》2010年11月3日第B13版，以《客串消防员 体验消防生活——本周六小记者采访活动欢迎报名参加》为题，报道了招募的小记者们将穿上消防官兵专用服，客串消防员，模拟体验一些特勤场景，并强调体验都比较安全。

（昆明）《春城晚报》2010年9月15日第B14旅游·市场版，报道了云南省玉溪市澄江县抚仙湖的游客体验车水捕鱼。

（长沙）《长沙晚报》2010年8月23日第B1版，以《橘子洲长沙"天天向上"的城市名片》为题，报道了橘子洲公园举办长沙首届沙雕艺术节并提供体验服务。

（常州）《常州晚报》2010年8月19日第B13小记者版，以《南通：蓝印花布博物馆里的体验》为题，报道了南通蓝印花布博物馆提供染布的体验服务。

（香港）《明报》2010年4月6日第A12版，以《中学生下田插秧 体会粒粒皆辛苦》为题，报道了香港10多位中学生到新界粉岭鹤薮绿田园有机农场体验插秧等农活。

（乐山）《三江都市报》2010年1月23日第A2民生焦点版，以《赏年画 观造纸 新年到夹江过把体验瘾》为题，报道了游客们到夹江县马村乡，就能在专门开设的传统作坊内，观看夹江手工造纸的神奇，并可以亲自动手感受手工造纸的乐趣。

（呼和浩特）《北方新报》2009 年 12 月 11 日第 34 新消费版，以《海亮广场快乐星期社会体验馆亮相首府》为题，报道了呼和浩特市的海亮广场快乐星期社会体验馆为儿童提供体验消防员、警察等职业的服务。

（佛山）《江门日报》2007 年 11 月 21 日第 B1 版，以《番禺：游天后宫览伶仃洋　顺德：亲身体验缫丝织布》为题，报道了佛山市顺德的南国丝都丝绸博物馆向参观者提供体验摘桑、养蚕、缫丝剥茧、织布、染布等活动的服务。

第 2 章

Experience industry

体验的相关概念及属性

什么是体验[①]

■ 体验

本书中，笔者也会在一些场合按汉语中"体验"一词的普通含义来使用"体验"这个词。但是，通常会赋予它特殊且严格的含义，在此情形下，广义的体验（experience）是指神经系统较高级的动物由于好奇心的驱使，出于满足好奇心、学习、积累经验和娱乐等目的，在确信安全的前提下尝试性地接触和感受某种新事物。当做名词使用时，指上述活动进行的过程[②]。狭义上的体验仅指人类的体验。例如，在科技馆体验模拟地震并学习在地震中逃生的本领，体验模拟的月球行走；在傣族聚居地旅游时体验泼水节；体验明朝婚礼等。

注意，本书并不描述和分析所有的体验，如体验腾讯公司新版的 QQ 聊天软件或医生在实习期间的体验也许符合定义，但是**本书主要是描述和分析有商业价值或社会价值的体验**。当然，没有商业价值的体验只要是健康向上的，同样是一种财富，如高中生利用暑假去麦当劳打工以体验零售人员的生活及外资企

---

① 其他书刊，包括各种词典对此有不同的定义，为了便于讲解本书理论，笔者自己进行了界定。为了更顺利地阅读本书，请您先认同笔者的定义。

② 《现代汉语词典》对"体验"的定义（解释）是：1. 通过实践来认识周围的事物；2. 亲身经历。参见《现代汉语词典》，商务印书馆 1996 年修订第 3 版，第 1241 页。

业的管理氛围，有志青年主动去乡下亲戚家体验农村生活或去边远地区体验艰苦生活，等等。笔者赞同读者努力尝试获得各种有积极意义的体验经历。

和体验相近的词有"尝试"①、"感受"、"体会"，笔者经过仔细斟酌，决定选用"体验"一词。英文翻译可选用的是 experience②，taste，feel，最后选用的是 experience，但是仍然需要重新进行定义，因为"experience"一词并不能表达笔者上述定义中的全部内容③。

▌ 体验需求

在本书中，广义上的体验需求（experience need）是指神经系统较高级的动物希望体验新事物的意愿；狭义上的体验需求仅指人类的体验需求。本书绝大部分使用的是其狭义。例如，没有去过草原的人希望体验在大草原上纵马驰骋的意愿，中学生希望体验月球行走的意愿。

体验需求属于高级动物的高级需求。一般来说，只有人类的体验需求才会具有经济学上的研究意义，因此本书中着重研究的是人类的体验需求。但是笔者也意识到，研究或开发针对宠物、军用动物、动物园的动物等动物消费的体验项目，同样具有一定范围内的积极意义。

---

① 《现代汉语词典》对"尝"的部分解释：经历，体验。参见中国社会科学院语言研究所词典编辑室编：《现代汉语词典》（2002 年增补本），商务印书馆 2002 年版，第 141 页。

② 《新世纪汉英大词典》（外语教学与研究 2003 年版，第 1584 页。）对"体验"一词的英文解释是：1.（动词）learn through practice；learn through personal experience；experience；taste；2.（名词）experience；knowledge from personal experience。

③ experience 在《麦克米伦高阶美语词典》中的含义如下：

（verb）1. if you experience a problem or a situation, you have that problem or are in that situation；2. to feel an emotion or a physical feeling.

（noun）1. knowledge and skill gained through time spent doing a job or activity；2. the knowledge you get from life and from being in a lot of different situations；3. something that happens to you，or a situation that you are involved in。

这是比较宽泛的定义，而且动词和名词的定义缺乏足够的统一性。

▌ 体验对象

在本书中，体验对象（experience object）是指神经系统较高级的动物希望体验或正在体验的新事物，包括物体、行为和事件。同样，体验对象也存在广义和狭义之分，本书主要研究人类的体验对象。例如，相对于大部分人来说的地震、陶瓷制作、传统婚礼等。

这里的"新"，理论上是相对于体验者本人来说的。但是，有时我们为了方便性质上的判断和研究一般性的规律，只是泛泛而指，即它相对于大部分消费者是新事物（也许事实上对个别的人来说并不算新事物）。

本书在阐述时对"新"的程度也有一定的要求。虽然事物在原来的基础上的任何细微的改变或事物间任何细微的差别都可以构成广义的"新"的概念，但是这些新事物未必能达到吸引人们主动去体验的程度，或达到具有体验价值和开发成体验项目的价值的程度，比如一种最新上市的洗发水或新造型的牙刷。因此对于这些"新事物"，我们不予理论分析上的考虑。

▌ 体验服务提供商

在本书中，体验服务提供商（Experience Service Provider，ESP）是指为消费者提供某种体验服务的个人或机构，包括个人、商店、某次活动的组织者（该活动提供了体验服务）、企业、政府公益机构等。例如，提供地震体验的科技馆，出租苗族服装给游客穿戴的商人等。

体验服务提供商有可能是专门提供体验服务的，也可能提供体验服务仅仅是其经营的内容之一，或是主要的经营内容，或是次要的、兼营的、附带的经营内容。例如提供月球行走体验的科技馆主要是提供太空展览服务的，而该体验服务仅仅是在太空展览的活动中附带提供的。

■ 体验企业

在本书中，体验企业（Experience Enterprise/Experience Corporation）是指为消费者提供体验服务的企业（或公司）。

在发达的经济社会中，体验企业应该是最主要的体验服务提供商。因此本书中提到"体验服务提供商"时实际上主要是针对体验企业来说的。

■ 体验业（或体验产业、体验经济）

在本书中，体验业（或体验产业、体验经济）（Experience Industry，Experience Economy）是指为消费者提供体验某种新事物的服务的产业。

在这里，产业是指具有某种同类属性的具有相互作用的经济组织和经济活动组成的集合或系统①。

"体验经济"实际上是"体验产业经济"的简称，但是实际上人们容易误解，以为它是同工业经济、社会主义经济类似的一种大经济含义。故笔者建议尽量采用"体验业"或"体验产业"的说法，少用"体验经济"的说法，因为这样概念能更加准确地贴近词语的通俗含义。

■ 体验产业经济学

在本书中，体验产业经济学（Experience Industry Economics）是指研究体验产业自身的发展规律，与体验产业有直接或间接关系的经济组织的相互作用和发展规律，以及体验产业与外界的相互关系的学科②。

---

① 苏东水主编：《产业经济学》，高等教育出版社2000年，第4页。
② 苏东水主编：《产业经济学》，高等教育出版社2000年版，第3～4页。

▌体验资源

在本书中，体验资源（Experience Resources）指的是适合开发为体验项目的资源，例如陶瓷制作的过程、泼水节等。当我们说某地的体验资源时，一般指属于某一地区特有的且适合开发为体验项目的资源，比如中国傣族的泼水节即可以视为傣族聚集地的体验资源，明朝婚礼则可视为中国的体验资源。而体验地震、月球行走等一般视为不属于任何特定地区的体验资源，因为任何国家或地区均可引入或开发。

体验的四大属性

▌原因

体验是由于好奇心的驱使，这使得体验同娱乐等有本质的区别。比如说你今天晚上想玩牌，轻松一下，并不是以前没有玩过牌，想体验一下玩牌的感觉，而只是想娱乐娱乐，放松放松。

▌目的

尽管体验的原因均是好奇心的驱使，但目的或目的的侧重点却不一定相同。有时主要是为了学习（狭义上的学习），有时主要是为了娱乐，有时介于两者之间，有时仅仅是为了满足一下好奇心。例如，中学生去科技馆体验地震或月球行走，他们的目的偏重于学习；一对情侣去体验明朝婚嫁仪式，目的偏重于娱乐。并且，一般的，体验行为不止有一种目的。

所有的体验都属于广义上的学习，因为"生活中一切皆是学问"；只有极小部分的体验带着狭义上的学习目的，并且一般不是抽象的理论学习，而是学习比较形象生动的内容。

▌性质

人们进行一些活动，有的是经常性的和日常性的，例如去上班工作；有的是临时委派的任务（非主动），例如一位超市收银员临时性地去当导购员；有的是主动的长期性行为，例如一位法官决定进入律师行业。而体验的性质是尝试性。尝试性决定这种行为。

（1）从态度上看是主动的。当然，有时候体验者是在别人带领、引诱、劝说等情况下进行体验的，我们依然可以在宽松的研究环境下视这种行为为体验。但是体验绝对不是被强迫的。

（2）从时间上看是短期行为。因此笔者非常赞同《麦克米伦高阶美语词典》对"taste"（verb）的部分解释：to experience something for a short time。

（3）从次数看是次数很少的行为，一旦次数过多，行为性质便已不再是尝试性的了。当然，也不是总是只有一次，可以是几次，因为有些人一次可能体验不出感觉。

这个特征是区别体验业与其他行业的重要指标。例如，在湖南省长沙市的火宫殿小吃街上有"昆虫大餐"的小摊，消费者可以从那里吃到油炸的金蝉、海星、蚕茧、蚂蚱、蝎子、海马、海龙等。如果大部分消费者的消费行为是日常的餐饮业为，则该小摊仅仅属于饮食业。如果大部分的消费者的消费主要是为了体验，则该小摊既属于餐饮业，也属于体验业。

▌安全性

一般的，理性的人只有在确信安全的前提下，才会产生体验的需求。因为生存需求是人的第一需求，体验需求是比较高级的需求。一般情况下，高级需求只在低级需求满足之后才会产生（本书将会在第5章中详细分析体验需求）。但是，这种"确信"也可能是盲目的自信，或者受到外人的欺骗。

究竟如何判断什么情况下是"确信"呢？这也是一个需要进一步阐述的问

题。首先，"确信"并非一定是百分之百的相信。其次，"确信"和人的性格有关，风险爱好型的人确信是安全的体验，也许在风险回避型的人眼里是危险的项目，因为人们对不确信的容忍度不同，正如有的人害怕坐飞机一样。再次，"确信"和体验者对预期收益的期待程度有关，比如王某和李某同样估计体验某项目可能会有5%的不确定性/危险性，但是王某比李某更期待体验所带来的收获，所以王某可能会做出"确信"的判断，而李某则会犹豫。

一般的，笔者认为体验者"确信"安全的情况是指体验者在对风险的一贯偏好基础上，在对预期收益的评估情况下，容忍一定概率内的危险性，从而做出可以付诸行动的判断。

一些不属于体验的行为

▌ 单纯的看和听等不属于体验

笔者认为，对新事物的体验是一个综合而立体的行为，它需要体验者充分调动自己的视觉、嗅觉、听觉、触觉和味觉，以具体的动作、行为来接触和感受新事物。虽然并不是要求每一次体验都必须全部用到上述工具或行为，但是至少应该是多项组合的。

因此，笔者认为，一般情况下，单纯的看和听等不适宜视为真正的体验。举例来说，在傣族泼水节上，如果游客只是旁观，那么他的行为算不上体验行为，只属于旅游行为；如果游客参加了泼水节目，体验了泼水的快乐和情趣，则他的行为既构成旅游行为，又属于体验行为。进一步说，如果当地旅游开发部门没有设计游客参与的环节，则他们仅仅是在发展旅游业；如果设计了游客参与的环节，则他们既在发展旅游业，也在发展体验业。

在此情况之下，正因为人的多个器官参与了体验过程，所以体验中的学习更加高效，人们所获得的知识和感觉也不会轻易被忘记。

亚里士多德在《形而上学》中认为，人们在通过感觉认知世界时依靠最多的是视觉。视觉确实是非常重要的体验手段，相对于触觉、嗅觉、听觉等，视觉既是方便快捷的，也是容易实现的，同时还是获得信息最多的（如嗅觉难以提供很多的信息，有时听觉无法获得任何相关信息）。但是在这里，读者要注意，笔者的定义是，仅仅依靠视觉和听觉是不能构成合格的体验的。

这一点直接导致了旅游业和体验业的诸多区别，本书中会多次提到这些区别，请读者留意。

▌玩电子游戏不属于体验

现在很多电子游戏是三维的大型游戏，玩这种游戏在某种程度上符合普通汉语语义上的体验，但是不属于本书所定义的体验。例如有的游戏内容是赛车，玩游戏者即使没有驾驶经验，也可以挑选自己喜欢的虚拟赛车，然后在虚拟的立体的马路上驾驶赛车一展身手，或与其他人一决雌雄。由于虚拟的高度逼真性，玩游戏者能在一定程度上体验到真正赛车的一些感觉或经验。类似的游戏还有驾驶战斗机攻击敌方，在某个三维环境中的枪战、搏击等。

笔者认为玩电子游戏不属于本书所定义的体验，而是娱乐的一种，理由如下。

首先，人们玩电子游戏绝大部分不是因为好奇心的驱使，而是需要娱乐放松。

其次，玩电子游戏不是接触和感受新事物，因为电子游戏可重复玩很多次。

再次，玩游戏仅需玩游戏者调动眼睛看屏幕，用手动键盘，用耳朵听游戏中的背景音乐或模拟的声音即可，与真正的体验中需要体验者调动视觉、听觉、嗅觉和手脚等器官全面接触和感受相差很远，正如前文所说的，简单地看、听等不属于体验。

最后，即使是游戏者调动了视觉等器官，但是接收到的信息也离事物本身的真正信息相差万里，有些蹩脚的游戏甚至会给玩游戏者完全相反的信息。而体验则是通过接触和感受新事物，接收新事物的信息，从而让体验者熟悉新事物，掌握新事物的一般特征或规律。

虽然对于玩游戏的人来说，仅仅是体验最新的电子游戏则符合本书的定义，但是正如前文所解释的，本书主要是描述和分析有商业价值、与商业有关的体验，对于这种体验一般不予分析。

体验业的主要属性及与娱乐等的区别

▍体验业的主要属性

体验业的属性有很多，详细内容将在后面各章中一一道来。其最主要的属性有以下几个方面。

（1）体验业属于服务业。它提供的是体验服务，满足人们体验新事物的需求，直接面向消费者。

体验业与其上级集合的关系依次是：

体验业 ∈ 服务业 ∈ 第三产业 ∈ 社会经济（"∈"代表数学中的集合符号"属于"）。

如果引入最新的概念"休闲经济"的话[①]，那么上述关系可以补充为体验业 ∈ 休闲经济 ∈ 服务业 ∈ 第三产业 ∈ 社会经济。

如果引入最新的概念"文化产业"的话，那么尽管体验业中也有科技、制造业等成分，但是可以说，体验业基本上属于文化产业。

---

① 王琪延等著的《休闲经济》中认为，"休闲经济是指建立在休闲的大众化基础之上，由休闲消费需求和休闲产品供给构筑的经济，是人类社会发展到大众普遍拥有大量的闲暇时间和剩余财富的社会时代而产生的经济现象"。一般娱乐业、旅游业、体育产业、影视业等均属于休闲经济。参见王琪延等：《休闲经济》，中国人民大学出版社 2005 年版，第 1 页。

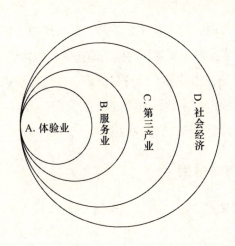

图2.1 体验业与其上级集合关系的欧拉图

如果引入最新的概念"创意产业"的话，那么体验业也属于创意产业。

（2）体验业所提供的服务满足的是人们的高级需求，而不是低级需求。一旦经济进入经济周期中的低谷时，人们一般会优先满足低级需求，高级需求将被取消，体验业将受到很大的消极影响。

（3）体验业与娱乐业、旅游业、教育业关系密切，且有交集。从事体验业的个人和单位可能大部分不是从事纯粹的体验业的，而是兼顾其他，混合经营，尤其是多与上述三种产业相结合。这也是笔者所提倡的。

（4）体验业中的部分内容随时可能转化为其他行业。如前面所述，当大部分的消费者的消费行为主要是为了体验时，则"昆虫大餐"的小摊既属于餐饮业，也属于体验业。如果大部分消费者的消费行为因为日渐习惯而转变为日常的饮食行为时，则该小摊就属于餐饮业。

（5）体验业非常适合连锁经营的模式。大型的连锁企业会在服务质量、体验项目内容的创新、广告宣传等方面有过人之处，还包括资金运转、人才战略、处理社会公共关系等方面。采用连锁形式经营的体验企业还可以在消费者逐渐从体验需求转化为日常需求的过程中，以逐步增开连锁店来满足消费者需求的增长。

（6）体验业对有创造性思维的人才需求非常大。人们对新事物的体验很容

易喜新厌旧，而如果当地流动人口不大的话，则需要员工善于开发新项目，以吸引顾客来体验，也需要有创新意识的投资商投资新的体验项目。

（7）体验业非常注重消费者心理分析。因为体验需求属于高级需求，而高级需求更多地与人的意识相关联，更需要激发、诱导，所以经营者更需要关注消费者的内心反应。因此经营者必须重视这一点。

■ 体验与娱乐等的区别

1. 体验与娱乐的区别

主要相同点：

（1）体验的目的之一是娱乐，而娱乐的目的自然是娱乐。

（2）体验的次数一般不多，有些娱乐项目也可能都吸引人只玩几次。

主要不同点：

（1）体验的原因是好奇心的驱使，而娱乐则不同，娱乐的原因是人需要适当的精神和肉体上的放松。

（2）体验的目的除了娱乐外，还可能是为了学习，积累经验或仅仅是满足人的好奇心而已。

（3）同一个人对同一项体验活动的体验次数一定是很少的，而同一个人进行同一个娱乐项目的次数则一般可以很多，例如打牌、下棋、打电子游戏。

（4）体验一般能让人学到一些新的知识，或增长经验等，而娱乐则表现得不明显。

（5）娱乐活动更加接近日常生活，更加容易进行，例如打牌、唱歌。而大部分体验项目则距离日常生活更远一些，一般需要人们提前计划后再进行。

2. 体验与旅游的区别

主要相同点：

（1）目的均有可能是为了满足好奇心、娱乐、学习。古人云"读万卷书，行万里路"，即旅游有学习的目的。

（2）对有些地点的旅游，如体验一样，消费者只会进行几次。

（3）旅游资源与体验资源有一些是重合的，例如傣族的泼水节、哈尔滨的冰雕节，既可以作为旅游资源来开发，也可以作为体验资源来开发。

（4）除了非常小的项目外，体验业和旅游业的大力发展均需借助流动人口的增加。

（5）体验和旅游均是新兴的人类文化活动，发展历史不长。

主要不同点：

（1）旅游的原因除了好奇心的驱使外，大部分原因是人需要精神的放松，所谓"寄情于山水间"，"心旷神怡"。这是体验业不具有。但是体验有时会带有放松精神、释放生活压力之目的。

（2）旅游没有积累经验的目的，但是有运动、保健、养神等目的。

（3）对有些地方的旅游可以进行多次。

（4）旅游一般是消费者前往居住地以外的地方进行，有些国家或地区甚至以离居住地40公里（加拿大安大略省统计局）或80公里（美国国家旅游资源评估委员会）或160公里（美国旅游数据资料中心）为标准来衡量是否属于旅行者[1]；而体验则不一定，只要有体验的环境和相关设施，就可以在任何地方进行。例如乡村生活体验项目可以在任何一个国家的任何一个城市的市郊设立，因此很多体验项目适合采用连锁经营的形式。

（5）旅游需要调动的人体器官种类比体验少，接触和感受事物的程度不如体验。例如在云南旅游遇上傣族的泼水节，如果游客只是旅游，则只需旁观即可；如果游客要体验泼水节，则需亲自参加，体验泼水的快乐和情趣，方构成体验。

（6）旅游业一般很少产生环境污染，但是体验业则有可能存在一些造成环境污染的体验项目。例如体验操作古老的蒸汽机，古老的蒸汽机可能因为热能利用率低，煤炭没有充分燃烧而浪费煤炭，且产生大量的二氧化碳和二氧化硫等有害气体。再例如演艺体验项目中可能会出现砍伐树木、爆炸等场景，从而污染环境。

（7）旅游业已经形成，体验业尚处于萌芽、成长阶段，尚未完全形成。

---

[1] 郭鲁芳等编著：《旅游经济学》，浙江大学出版社2005年版，第7页。

（8）旅游业对旅游资源的依赖性比较强，体验业对体验资源的依赖性较弱，因此体验业更容易移植，没有旅游资源的地区也可以发展体验业。例如黄山旅游非常依赖黄山这座山（作为旅游资源），而傣族泼水节体验也可以移植到其他城市。

（9）旅游项目一般比较庞大，体验项目则有大有小。例如骑鸵鸟、陶瓷制作、悠波球这样的体验项目就很小，个体户也可以投资经营。

3. 体验与游戏的区别

一般认为，游戏是娱乐中的一种，所以这两者的相同点和不同点可参照体验与娱乐的。

4. 体验与教育培训的区别

要弄明白体验与教育培训的区别，主要是要理解体验与学习之间的区别。

我们一般讲的广义上的学习，是指任何在理论上能够增加知识和信息的行为，正如俗话说"生活处处是学问"；狭义上的学习则是指系统地、正规地获得知识和信息的行为，这种学习一般是在老师的指导下进行的，并且主要是学习理论知识。因此，体验属于广义上的学习。

主要相同点：

（1）体验属于广义上的学习，因此具有广义上的学习的属性。

（2）体验有助于对理论学习的消化与理解，理论学习有助于体验的升华。

主要不同点：

（1）体验的目的有可能是为了学习，但学习不一定就是体验，或需要体验。例如学生在学校的组织下到科技馆去体验月球行走是为了学习，但我们学习唐朝历史并不需要一定要去一个虚拟的环境中去体验。

（2）体验一般能够使体验者获得实践和操作方面的比较感性的知识和信息，所获得的认识主要是感性认识，但是在获得抽象的理论知识和理性认识方面则比较难，而正规的系统学习则恰好相反。

5. 体验、娱乐、旅游、教育之间的复杂关系

体验（或体验业）、娱乐（或娱乐业）、旅游（或旅游业）与教育（或教育业）之间的关系其实是很复杂的，它们之间存在交集，如图2.2。

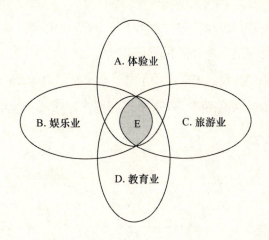

图 2.2　体验业、娱乐业、旅游业与教育业关系的欧拉图

有时，一种行为属于体验还是娱乐、旅游还是学习，或者兼而有之，大家各有己见。有时是因为它本来就属于某一交集，因此大家都没有错；但是很多时候则是因为其界限不是很明显。界限不明显是因为定义不清楚，目前来说，笔者却对此无能为力①。

一群唐山市的中学生去城郊旅游并非常愉快地在城郊的科技馆体验了地震，学习了在地震中逃生和防护的知识，回家后还议论纷纷，到处讲述着自己的稀

---

①　笔者认为，目前整个世界的定义体系基本上是一个网状的定义体系（简单地用模型来说，就是用甲词和乙词定义丙词，又用乙词和丙词定义甲词，再用甲词和丙词定义乙词）；但是只有在扇状（或根状）的定义体系中，才会出现定义上的绝对清晰。目前，只有在数学，尤其是几何学中，定义体系基本呈扇状，即每一个定义都是从原始定义（一个公理）直接或间接地引申出来的，都是可以追根溯源的。如图：

点（原始定义）
／　／　｜　＼
线（直线、线段、射线……）
／　／　｜　＼　＼
面（三角形、圆形、不规则面……）
／　／　／　｜　＼　＼
体（正方体、圆锥体、球体、不规则体……）

在扇状的定义体系里，人们在理解上是一致的，很少出现争论，而当认识出现困难时只会是因为出现了证明上的困难。因为有时候要从繁多的已知定理中找出合适的来做层层论证，并形成一个完全正确的论证链颇为不易。

奇经历。您能清晰地说出他们的行为属于体验业、娱乐业、旅游业还是教育业吗？或者兼而有之？至少，笔者不敢轻易下结论。

　　或许它并不重要，我们可以不拘小节，至少这不影响我们在大部分时候能够廓清它们的界限，以及我们的研究在大部分范畴内具有意义。

体验资源的基本属性和种类

▌体验资源的绝对性和相对性

剥去体验资源依附的物品、人、环境等因素或条件，体验资源在一定程度上表现为一种信息，因此其极易被复制、共享和传播，所以"一个地区的体验资源"这个概念具有相对性。例如云南傣族的泼水节、怒族的溜索可以视为傣族、怒族聚集地的体验资源，但是它们是可以复制到其他地方的，只是需要一定的额外成本，或会带来更多的麻烦，例如深圳的"锦绣中华"中华民俗村就有体验泼水节和溜索的项目；同样的，明朝婚礼可视为中国的体验资源，但是并非新加坡或日本就不可以引进或开发这个体验项目。

尽管如此，一个地区的体验资源还是具有一定的稳定性的，个别体验资源在一定时间内还具有绝对性。例如，冰雕体验项目适合在中国北方地区尤其是东北地区开发，到南方地区开发则成本较大；而汨罗市则是开发赛龙舟体验项目最合适的地区；影视城则是拥有开发演戏体验项目的体验资源，其他地方一时间内难以与之竞争；俄罗斯、美国等则在目前据有绝对的太空旅游的体验资源；如果某国最先研发出飞碟，则他们在一定时间内就享有提供飞碟体验项目的绝对性。

用唯物主义理论来说，一个地区不存在绝对的体验资源，只存在相对的体

图2.3 深圳"锦绣中华"中华民俗村开发的溜索体验项目

验资源。所谓的绝对是在相对的空间和时间内成立的。

　　因此，考察一个地区的体验资源仍具有现实意义。首先，一个国家或地区应充分挖掘当地的体验资源，尽快成功开发出体验项目；其次，一个国家或地区在可能的情况下应努力学习或引进其他地区的体验项目，例如沙雕源自美国，但是已经被多个地方开发成体验项目；再次，一个国家或地区拥有对需要控制或保密的体验资源，则需严格控制或保密，否则依据该体验资源开发出来的体验项目将很快传播出去；最后，一个国家或地区拥有的体验资源是衡量该国家或区发展体验业的潜力的重要指标，其拥有的体验资源越多，发展体验业的潜力越大。

　　鉴于体验资源的绝对性和相对性特征，世界各国都会争相引入、借鉴、仿造其他国家和地区的体验资源，因此笔者认为：几十年以后，世界各国拥有的文化类体验资源数量的差别将大大缩小；拥有的地理类体验资源的差别也会缩小，但缩小程度较小；而世界各国拥有的科技类体验资源的差别则不是缩小，而是对比格局的流动，即根据世界各国科技实力对比的格局的变化而变化。

　　也许有的读者会有疑问，地理类体验资源是可以引进和仿造的吗？答案是肯定的。例如中国广东省深圳市的"世界之窗"，在封闭的环境下人工建造出滑雪的场地，为消费者提供滑雪体验服务。但是从技术和成本上考虑，并非所有的地理类体验资源都是可以引进和仿造的。

▍体验资源的种类

一个地方的体验资源大致可以分为文化类、地理类、科技类三大类。

和该地方的特色文化密切相关的体验资源为文化类体验资源，例如泼水节、龙舟节、孔明灯、风筝节、古老的婚礼等。一般来说，那些文化浓郁、历史悠久、民族种类众多、历史上曾比较偏僻隔绝的国家或地区拥有这一类的资源较多。

和该地方的特殊地理条件、自然资源密切相关的体验资源为地理类体验资源，例如因纽特人的生存方式、南极科考队员的生活、热带雨林的生活、"水上之城"威尼斯人的生活方式等。一般来说，那些地域辽阔、地形地貌差异大、生态资源丰富的国家或地区拥有这一类的资源较多。

和该地方的科技发展、最新科研成果密切相关的体验资源为科技类体验资源，例如失重项目、太空生活方式、磁悬浮列车、新建筑材料住宅、飞碟、机器人等。一般来说，那些科技发达，甚至个别科学技术属于国际领先的国家或地区拥有这一类的资源较多。

体验经济理论

笔者查阅和研究了前辈在体验业方面的研究资料，了解到另外一种"体验经济"的理论。虽然有个别理论点存在相同或类似，但是这种"体验经济"理论和笔者的理论还是存在很大的区别的。

该理论起源于美国阿尔文·托夫勒的《未来的冲击》[①]，但是以 B·约瑟夫·派恩和詹姆斯·H·吉尔摩合著的《体验经济》[②]（以下简称"派吉理论"）和边四光的《体验经济：全新的财富理念》[③]为代表，还有其他人相继发表的一些著作和论文，例如中国的姜奇平等。这些作者的理论有很多相同的地方，也有不少不同的地方。本书以托夫勒、"派吉理论"和边四光的理论为代表来分析。

▌ 阿尔文·托夫勒的理论

美国未来学家阿尔文·托夫勒在 1970 年出版《未来的冲击》一书，其在第

---

① ［美］阿尔文·托夫勒著，孟广均、吴宣豪、黄炎林、顺江译：《未来的冲击》，新华出版社 1996 年版。

② ［美］B·约瑟夫·派恩、詹姆斯·H·吉尔摩著，夏业良、鲁炜等译：《体验经济》，机械工业出版社 2002 年版。

③ 边四光：《体验经济：全新的财富理念》，学林出版社 2003 年版。

十章"制造体验的人"中简单介绍了他心目中的"体验工业"。他概括了体验工业的一些基本特征，这些理论为后来的"派吉理论"所继承。例如，他认为在将来，体验"就越来越多地按其本身的价值出售，好像它们也是物品一样"；"体验工业可能会成为超工业化的支柱之一，甚至成为服务业之后的经济的基础"；等等。

但是，他的理论在"体验经济"与"体验产业"之间模糊不清。

从他的某些阐述中可以看出他所讲的是"体验经济"的印象。例如上文提到的"体验工业可能会成为超工业化的支柱之一，甚至成为服务业之后的经济的基础"，还有他举的例子广泛涉及器械和汽车制造商、食品公司、卫生用品公司等，他也在文中肯定地说"像这样的例子不胜枚举，几乎每一主要工业，从肥皂、香烟到洗碟机和特种可乐饮料，都有这种例子"。很多时候，读者阅读时会觉得他使用"experience"一词时在"体验"与"经历"两种语义之间不断转换。当 experience 被认为是一种享受服务的经历，并用于经济中的一切消费现象时，他的理论给人的感觉就更加接近"体验经济"。派恩和吉尔摩从这里得到启发，并发展出更加系统复杂的"派吉理论"。

然而，也有许多证据表明他似乎在描述"体验产业"，这使得笔者的理论和他的理论有相近之处。例如，他用的是"体验工业"一词（该书中文翻译者的翻译），而不是"体验经济"，而"experience industry"既可以翻译成"体验工业"，也可以翻译成"体验产业"；我们从"服务业最终还是会超过制造业的，体验生产又会超过服务业"中可以看出，托夫勒是将体验工业与制造业和服务业置于并列的地位；文中所举的多个例子都可以理解为是做体验业的例子说明的，例如在模拟的18世纪日本艺妓馆、伊丽莎白女王的豪华宫廷等场所中体验"异国情调"。

总之，托夫勒在使用"experience"一词，并没有对体验工业做出严谨的定义，从而使得他的理论显得松散和随意，并且有些地方自相矛盾。这个问题在

"派吉理论"和边四光的理论里同样存在①。

■"派吉理论"

"派吉理论"相对来说是比较全面和系统的理论，但是笔者发现真正要比较笔者的理论和"派吉理论"却颇为不易。因为尽管这本书有许多事例和号召式的语言，但是它对"体验经济"等名词并没有十分确定的定义和全面的分析，而是在文中不断地补充和修正，而这种补充和修正在笔者看来似乎缺乏严谨的逻辑统一性。

笔者先把其书中重要的有关体验经济属性的阐述列举出来，然后依照笔者的理解，将其理论加以总结，最后向读者说明笔者的理论与其理论之间的差别②。

"派吉理论"主要观点如下。

"体验是第4种经济提供物，它从服务中分离出来。"

"当某人要购买一种服务时，他购买的是一组按自己的要求实施的非物质形态的活动。但是当他购买一种体验时，他是在花费时间享受某一企业所提供的一系列值得记忆的事件。"

"无论什么时候，一旦一个公司有意识地以服务为舞台，以商品作为道具来使消费者融入其中，这种刚被命名的新的产出——'体验'就出现了。农产品是可以加工的，商品是有实体的，服务是无形的，而体验是难忘的。"

"企业——我们称之为一个体验策划者——不再仅仅提供商品或服务，而是提供最终的体验，充满感性的力量，给顾客留下难忘的愉悦回忆。""不是任何

---

① 这是一个逻辑学问题，如果没有事先定义所要阐述的对象，阐述就容易变得随意；如果事先没有规定议题，讨论就会变得漫无边际。我们应该像孙悟空给唐僧划一个保护的圆圈一样，事先限定一个集合的空间，然后在这个自由度内讨论。当然，也许随着人类对事物认识的不断深化，会发现原来划定的圈子过大或过狭，自然需要补救，不过那就是另外一个问题了。

② 笔者不能保证自己的理解绝对正确，如果您对此问题非常感兴趣，建议您亲自去看这本书。

体验都有乐趣、有启发性、使人发狂或令人兴奋。""体验带来了趣味、知识、转变和美感。"

"从前，所有的经济产出都停留在顾客之外，然而体验在本质上是个人的。体验事实上是当一个人达到情绪、体力、智力甚至是精神的某一特定水平时，他意识中所产生的美好感觉。结果是没有哪两个人能够得到完全相同的体验经历，因为任何一种体验其实都是某个人本身心智状态与那些筹划事件之间互动作用的结果。"

"体验是使每个人以个性化的方式参与其中的事件。"

"无论企业何时吸引消费者，与他们建立一种个性化、值得记忆的联系，它们事实上都是在展示一种体验。"

"当体验展示者的工作消失时，体验的价值却弥留延续。"

"制造商们必须明确，为了增加顾客的体验而设计他们的商品——实质上就是将商品体验化。"

"这些方面的组合将体验分成了 4 个部分——娱乐（entertainment）、教育（education）、逃避现实（escape）和审美（estheticism）。"

"体验一直是消遣娱乐的中心所在。"

该书的作者认为应该通过"将商品嵌入体验品牌之中"、"使产品稀缺"、"建立一家商品俱乐部"、"筹划展示产品体验的活动"、"体验主题化"、"提供纪念品"、"重视对顾客的感观刺激"等手段来建立体验。其特别强调一家企业要策划一个好的主题，比如"热带雨林餐厅"等，然后管理者和员工围绕这个主题来表演。只有拥有一个适当精炼的主题，员工一直在兢兢业业地扮演他们的角色，没有分散主题的任何东西，各项服务不是随意地拼凑起来的，这样的企业才能给顾客留下难忘的体验。

"派吉理论"认识到人们都是充满好奇心的，并且是向往和追求快乐的，因此对拥有一段愉快、刺激和值得回忆的消费经历一般是不会拒绝的，并愿意为此付费。它鼓励企业不要局限于自己具体的产品和服务，而要结合具体的产品和服务，着眼于为顾客创造一段值得回忆的且与众不同的消费经历。实质上主要就是让顾客觉得快乐。但是为了将某些在某种意义上来说并不快乐的体验包括进去，例如减肥中心的活动、武术训练等转型性质的体验在某种意义上并不让人快乐（甚至很痛苦），所以又强调"不是任何体验都有乐趣、有启发性、使人发狂或令人兴奋"，"体验带来了趣味、知识、转变和美感"。其认为，如果体验足够吸引人，则可以在产品和服务以外再收取门票。

为了做到让体验是难忘的，"派吉理论"提出了很多招数，主要是通过在同一主题指导下的经营场所的装饰、员工的服饰和行为、经营场所内举办的一些活动等来刺激消费者的感观。例如"佩剑的盛装少女"、"穿着文艺复兴时期服装的歌手"，"统一的着装"、发放纪念品等等，有些方法甚至已经达到了哗众取宠、不惊人死不休的地步。

"派吉理论"希望通过这样的努力来帮助企业吸引顾客，提高自己产品和服务的竞争力，以抗击"派吉理论"自己提出的商品化所引起的价格恶性竞争。该理论进一步认为，企业若对上述努力做得比较成功的话，还可以为提供这种消费体验而收费。

这种理论的意义在于：其一，理论本身更加关注消费者的幸福和各种人性上的需求，重视消费者的消费经历，而不局限于他们对某一产品和服务的需求；其二，鼓励企业在提供产品和服务时更加人性化地、充满人文关怀地对待消费者，让他们感到快乐和难忘，使其消费经历成为其人生中美好时光中的一部分；其三，如果企业对上述努力收费的话，则增加了企业产品和服务的附加值，增加了企业收入，开拓了新的生产领域。

▌ 边四光的理论

边四光的著作《体验经济：全新的财富源泉》继承了"派吉理论"中的大部分内容，同时修改了他们的部分理论并增加了自己的理论。

在理论修改方面，首先他不是像"派吉理论"一样把体验分为四个部分，而是把体验经济分为六类：娱乐类、教育类、审美类、惊险刺激类、改变现状类和混合类①。这种分法似乎表明了边四光是把体验经济看做是一种产业经济。

其次，他没有把"转型"当做一种新的经济提供物，而是当做体验中的一类——改变现状类。他举例说"健身房、美容院、减肥瘦身馆、武术学校、西点军校、成功意识培训学校"等机构是属于这一类的"体验经济公司"。

第三，和"派吉理论"强调体验必须是难忘的不同，他更加强调消费体验应该是愉悦的这一属性②。

第四，边四光不仅仅使用"体验"这个词，还常常将"体验"和"感受"等同时使用，这再一次验证了笔者前面对"派吉理论"关于"experience"和"feel"的分析。例如，"顾客得到幸福的愉快的体验和感受，这个服务就是好的"；"体验是人的心灵中的一种感受"等。

第五，"派吉理论"阐述"体验"一词的时候尽管偶尔也具有"尝试"的意思，但这类情况非常少；而边四光的体验理论更多地提到了"尝试"型体验，这使得他的理论有很少的部分接近笔者的研究内容。例如，他提到，"有人想体验一下皇帝和总统的饮食，就会有相应的'御膳房'出现"；"老人们想让孩子们尝一尝旧社会苦日子的滋味，不忘过去的苦，体味今日的甜"；"让学生体验当老师的滋味，让丈夫体验当妻子的滋味……让员工体验当经理的滋味……"；"正是由于人们看中了这一点，许多人才肯花钱去尝试它"。

第六，边四光将体验营销的概念引入进来，合并到体验经济中③。

边四光还增加了不少自己的理论。例如爱心在体验经济中的作用，建立体验经济公司的十大原则，在中国建立体验经济的阻力以及发展中国的体验经济的努力方向，等等。

---

① 边四光：《体验经济：全新的财富理念》，学林出版社 2003 年版。
② 原文是这样强调的："这种完美的服务，怎样来衡量呢？以什么为标准呢？……顾客得到幸福的愉快的体验和感受，这个服务就是好的。"
③ 例如，他提到了史玉柱的营销案例、北京一家销售纯净水设备的公司的营销案例等。

笔者之所以认为边四光的理论也具有代表性，是因为笔者发现边四光自己增加的理论中有部分内容与本书的理论内容是紧密联系的，或者说是有启发性的。这些内容包括（包含其局限性）：

（1）尝试对体验需求进行理论分析。他认为体验需求只是为了满足五官对新信息的需求，五官需要新陈代谢；人的精神的成长需要体验做基础（但其分析没有进一步深入本质）。他还结合马斯洛的需求层次理论分析了体验需求（分析也比较简单）。

（2）对体验业进行了分类（但分类过于简单并且有错误）。

（3）对体验业在增加体验者的知识、经验和阅历，提升体验者的精神境界等方面的意义进行了分析（有夸大体验对人的精神修养的贡献的嫌疑）。

（4）梳理了"体验经济"相关理论的发展历程（介绍很简单）。

（5）理论涉及体验项目与国家法律法规和社会道德之间的复杂关系[①]（分析很简单）。

概括地说，边四光的理论在一定程度上丰富了"派吉理论"，但是又在很大程度上偏离了"派吉理论"。其理论谈到的许多体验不是"派吉理论"所说的企业为化解恶性竞争以产品和服务为基础向消费者提供的消费体验，而是本书理论中的体验服务提供商提供的体验服务。

▍姜奇平的理论

笔者认为，姜奇平的《体验经济——来自变革前沿的报告》[②] 主要是在以体验经济理论讲网络经济（当然，有些学者认为网络经济是体验经济中最大的

---

① 例如，他认为"你选择的项目，一定要符合社会的道德标准，更不能与法律的规定相违背……比如，开妓院，开赌场，是'体验'特点很突出的项目，我们能去做吗？它们的社会负面效应太大，违背我们国家的法律和道德"。

② 姜奇平：《体验经济——来自变革前沿的报告》，社会科学文献出版社2002年版。

经济成分①），而且其理论较为复杂。在最后一个专题"体验意义上的新经济：知识经济"中他探讨了思想史中与体验有关的内容。他总结道，"我们曾找到体验经济的未来学源头在托夫勒，心理学源头在马斯洛，经济学源头在戴维·莱布森和穆拉伊纳丹，媒体源头在约瑟夫·派恩和詹姆斯·吉尔摩"。他认为体验经济的哲学源头是尼采的《悲剧的诞生》，并归纳出尼采的思想里包含了以下观点："体验是人的自我实现；体验在于创造；体验是非工业化的；体验可以是虚拟的；高峰体验是体验的最高境界；体验是人的复归；体验是人的解放；体验是现代性的重建。"

姜奇平在第十二章"体验经济与结构调整"中采用了"体验业"和"体验产业"的说法，例如他在文中提到"值得注意的是，与电脑网络相关的体验产业——游戏业，在体验经济中的地位越来越高"；而该书第十四章的标题却为"体验经济的产业价值"。因此他和边四光一样，都在"体验经济"和"体验产业"两种理论之间来回穿梭。

姜奇平也将行为经济学的理论纳入讨论中，他认为非理性的经济行为就是体验，"如果行为经济学不想成为一堆垃圾的话，应当回到行为主义的真正主题——体验上来"。正因如此，他非常认同并详细介绍了美国伯恩德·H·施密特的体验式营销的内容，这种营销战术利用人们的非理性和感性劝说和诱导其消费。这种理论离笔者的理论更远。

姜奇平还对微软等公司重视消费者消费体验（感受）的策略非常认同②。

---

① 例如"派吉理论"："网络空间是一个提供体验的好地方……而事实上大多数的个人上网是为了体验感觉……"，参见《体验经济》，第41页；边四光也有此类观点："在互联网上，无论你做什么，你都会感受它提供给你的体验。互联网可以提供给人们各种各样的体验……"

② 美国微软、惠普和中国联想等企业提出了诸如 Windows XP（experience）、"全面客户体验"（Total Customer Experience）式的口号，笔者认为这本质上是一种营销策略，是一种鼓励内部员工提高服务质量的策略。

体验业与体验营销

体验营销在本书中的定义①是：一种通过在一段时间或一定次数内免费或优惠地让潜在消费者享受或部分享受其产品/服务的使用价值②，从而促使潜在消费者购买该种产品/服务的营销手段。

例如，卖奶粉、咖啡、葡萄酒等食品时让顾客先品尝一下，从而鼓励其购买；让顾客试用某种家用电器，试用满意后可以购买，如果不满意可以退还给商场。

体验营销是很普遍的营销方法，在古代就存在，例如古代很多酒坊卖酒时允许顾客先品尝一小口。到了现代，体验营销更是变得越来越普及，很多厂商都推出了试用、试品尝的营销服务，我国合同法更是对试用买卖合同做出了一

① 有很多书清楚或模糊地表述了对"体验营销"的定义，笔者不赞成这些说法，所以自己制定了这个定义。

② 在周岩、远江所著的《体验营销》一书中说："买卖食品——先尝后买；买卖衣服——先试后买；买卖牛羊——先摸后买……如此情况，我们都可以把它称之为体验销售。"笔者不赞成这种说法，笔者认为这种列举式定义是不严谨的。买卖牛羊时先摸一下，买卖衣服时先看一看，买卖食品时先闻一闻等等均属于判断其使用价值，而不属于享受其使用价值，这和买卖牛羊时先让它犁一下田，买卖衣服时先试穿一下，买卖食品时先品尝一下是有着本质上的差别的。只有享受了使用价值或部分使用价值才属于体验式营销。请注意，享受其使用价值就有判断其使用价值的潜在可能性，除非该人享受时没有认真。

参见周岩、远江：《体验营销》，当代世界出版社2002年版，第156页。

些具体规定①。

体验营销中存在汉语中普通含义上的体验，因为消费者也是在自信安全的前提下尝试性地接触和感受了某种新产品/服务或自己不熟悉的产品/服务，以确认其使用价值、质量。但是这种体验不符合本书探讨的体验的定义，因为消费者体验新产品/服务不是由于"好奇心的驱使，出于满足好奇心、学习、积累经验和娱乐等目的"。体验式营销中消费者体验的主要目的是了解该产品/服务的内容和使用价值，确认其质量，以便决定即时或将来是否购买；出售者则希望通过此举赢得消费者的信任。

两者的区别是：体验营销本质上是一种营销手段，它使顾客可以方便全面地判断产品的使用价值，是顾客判断产品使用价值的众多方法中最好的一种，从而建立起顾客消费该产品的消费信心，进而促进销售。尤其是新产品或比较复杂的产品（普通消费者无法通过简单的平面广告、电视广告了解其复杂的性能、质量或优势）需要进行营销的，此种营销方法很有效果。

体验业则是一种产业。两者区别很大。当然，体验业也可以采用体验营销进行促销活动。比如地震体验服务企业向学校推销地震体验服务时，可以先请学校的领导或若干学生体验其服务，获得其认可后再推广至该学校的所有学生。

下面举例说明各种有关体验理论之间的差异。

例一：甲葡萄酒公司为了促销其生产的葡萄酒，在商场里推出营销活动，顾客可以品尝一小杯其生产的葡萄酒（商场服务员已经倒好在小纸杯里）再决定是否购买，整个活动比较简单，这是笔者定义中的体验营销。

乙葡萄酒公司同样为了促销其生产的葡萄酒，在某步行街的某商场门口旁推出营销活动。顾客可以悠闲地坐在气派的座位上，品尝其葡萄酒以及各类西式点心和水果，听着优美的欧洲古典音乐，并欣赏乙公司排演的有关葡萄酒的节目（采葡萄舞蹈、调酒师绝技等），整个场面温馨热闹，到处是乙公司的标

---

① 参见《中华人民共和国合同法》第九章《买卖合同》中的第一百七十条和第一百七十一条。

志。顾客品尝后可以决定是否购买，当场购买的乙公司将给予 6 折优惠。这是"派吉理论"指导下的体验营销。

丙葡萄酒公司为了促销其生产的葡萄酒，邀请了一批消费者代表、商场采购代表、媒体代表和消费者协会代表参加其组织的"葡萄酒庄体验之旅"，参加者可以体验采摘葡萄、品尝葡萄、破碎葡萄、手工酿酒等，并参观丙公司先进的生产车间、窖藏仓库，品尝葡萄酒，从而给消费者带来难忘而快乐的体验。这是"派吉理论"指导下的体验营销。而且在"派吉理论"看来，如果所有的企业都进行类似的经营，整个经济就会形成体验经济。

丁公司是体验服务提供商，在一个国际化大都市的郊区运营着一家占地面积 100 万平方米的"体验之都"。在这里，消费者可以体验地震、月球行走、古代婚礼、演电影等，同样也可以体验采茶制茶过程、造纸过程、手工制陶。而丙公司向消费者提供的体验。采摘葡萄、品尝葡萄、破碎葡萄、手工酿酒等活动在这个体验之都的"葡萄酒酿造"板块也可以体验到。这就是笔者理论中的体验服务提供商、体验产业。

例二：某市旅游景点"世界之窗"的门口旁边有一排餐馆，产权属于世界之窗运营公司，但是承包给了个体户经营。大部分餐馆很普通，提供的也是普通的当地口味的饭菜。但是最近新开张了一家叫热带雨林的餐厅，它提供的饭菜倒是没什么不同，还是当地口味的饭菜。但是正如它的名字一样，其门口有人工仿造的热带雨林的树和藤蔓；餐厅内湿气很重，人工的水汽缭绕室内甚至从门口往外飘出；餐厅里也悬挂和摆放了很多真正的热带地区的植物以及热带动物的雕塑；员工的服装也很像热带地区的土著人；餐厅里播放的音乐也是热带地区国家的热烈的音乐。不少游客带着小孩来餐厅就餐，还和服务员合影，餐厅生意还不错。这样的餐馆就是按照"派吉理论"建设的餐馆，为了给消费者带来难忘的快乐的消费体验，在提供同样饭菜的情况下不和周围的餐馆形成恶性竞争。它的价格也可以稍微高一些，因为可以就这种消费体验让消费者买单。这里自然也存在以"派吉理论"为指导的体验营销。

　　热带雨林餐厅旁边的祥福餐馆最近推出了一道新菜——"龙凤呈祥"，为了推销新菜，餐馆宣布在新菜推出的前两个月，客人可以免费品尝，但是菜的分量只有其正常分量的1/3。两个月还不到，很多客人就开始按正常价格点这个菜了。这就是笔者理论下的体验营销。

　　世界之窗运营公司后来在世界之窗景点内开设了一家世界饮食大都会餐厅，提供世界各国的经典饮食，供游客品尝体验，生意很火爆。很多游客表示，其他国家的大部分饮食在自己的日常生活中不会去吃，毕竟自己的饮食习惯已经养成了，但是尝个新鲜还是不错的。这家餐馆就是笔者理论下的体验业中的体验服务提供商，专门为游客提供饮食体验服务。

　　1. 试举出一项既属于体验活动，又属于娱乐活动且属于旅游活动的活动。

　　2. 有一少数民族的服饰非常别致独特，有人在该地区旅游景点专门出租各种精美的民族服装供人试穿和拍照。你认为这些游客的体验行为的主要目的是什么？

　　3. 北京京郊的康西草原让京都人不出北京也能体验到塞外风情，这一景点每年吸引了无数的京都游人前往。你认为这一商业行为是属于体验业、娱乐业，还是旅游业？为什么？

　　4. 果汁压榨机的推销员在商场现场向顾客演示压榨橙汁、苹果汁等，他的行为属于体验营销吗？

Experience industry

体验和体验项目的分类

按体验对象不同进行分类

　　按体验对象属于工作还是生活的不同，体验和体验项目大致可以分为两类：工作体验、生活体验和其他体验；按体验对象是否属于某个民族或地区特有的文化民俗，体验和体验项目大致可以分为两类：文化民俗体验和非文化民俗体验；按体验对象是否富含高科技因素，体验和体验项目大致可以分为两类：科技体验和非科技体验。

　　下面我们就详细介绍工作体验、生活体验、文化民俗体验和科技体验的定义和特征等，其他的就不再赘述。

▌ 工作体验

定义　体验某种工作内容的体验和体验项目。

举例　例如，陶瓷作坊向游客提供体验陶瓷制作的服务，游客可以在工作人员的指导下制作一个陶瓷作品，在陶瓷上刻画文字、图案等，最后陶瓷烧制出来会寄给制作该陶瓷的游客①。体验者在整个体验活动中体验到了陶艺工作的乐趣，并知道了需要注意的问题。再例如，体验者体验消防员的灭火、救护等

---

① 日本濑户市的历史民俗资料馆和爱知县陶瓷资料馆等有关濑户陶瓷的观光娱乐场所很多，我国也有不少体验制作陶瓷的地方，例如广东深圳市南山区的"青青世界"旅游景点。

工作内容，在体验活动中可以学习与掌握消防知识、逃生知识。

类似的有提供农家劳动、电影演艺、茶艺制作、雕刻、葡萄酒酿造等体验服务的商业机构。

现在兴起的儿童职业体验馆则有系统的职业体验，例如体验法官、警察、建筑师、蛋糕师等，但是这些过于普通的职业体验可能仅仅对儿童有效，年龄稍大的消费者可能更喜欢体验比较冷僻、有刺激性的职业。

特征 适合发展成为体验服务项目的工作一般是如下。

（1）普通人平时很少接触的工作，如果是体验者自己经常做的工作或经常看到周围的人做的工作，则很难激发体验者的好奇心和体验需求。

（2）这种工作内容是比较有趣味的，至少在少数几次体验中显得有趣（也许长期做这个工作就不感觉有趣了）。枯燥无味的工作是很难激发体验者的好奇心和体验需求的。

（3）这种工作内容是体面的、健康的，而不是肮脏或令人恶心的。举例中的陶艺制作虽然有些脏，但不是肮脏，也不让人恶心。

（4）体验对象是安全的，或者项目本来有一定危险性，但是经过体验项目经营者采取一些防护措施后不再具有危险性。

（5）体验对象在对工作者的要求方面是一般人能够胜任的，比如不是粗重活，一般人的体力能够承担；不是特别复杂，一般人能理解；也不是特别要求反应速度，一般人的反应速度也能够胜任；等等。

（6）提供给体验者的模拟设备成本不高，体验项目运营商能够顺利投资。

原因 这些体验项目之所以能吸引消费者的原因，主要如下。

（1）有趣味的工作能激发人的好奇心。

（2）由于社会的发展，工作分工越来越细化，使人们对很多工作的内容不熟悉、不了解，但是生活又告诉人们，对一些工作有一个大致的了解是很有必要的或有益无害的。

（3）有的人们有了解一下该工作内容，以便将它作为业余爱好或作为换行的设想。

延伸阅读　儿童职业体验馆的蓬勃发展　展现了体验业的发展潜力

全球首家儿童职业体验乐园 HAJA 于 1997 年在韩国诞生。1999 年 Kidzania（如今全球最大的儿童职业体验乐园集团）第一家旗舰店在墨西哥开业，其后在全世界"开花"。2004 年 Wannado 城在美国佛罗里达开业，2006 年加拿大蒙特雷 Kidzania 开业，2007 年日本东京 Kidzania 开业，2007 年印度尼西亚雅加达 Kidzania 开业，2008 年 Babyboss 风靡中国台北、KidZania 日本 2 号店在大阪开业，KidZania 韩国首尔店于 2009 年 12 月在首尔蚕室乐天世界游泳场地开业。KidZania 在全球范围已建或在建的项目超过 12 个，其中 6 个在建项目所在地包括中国上海以及印度、葡萄牙、土耳其、马来西亚和泰国等。Wannado 娱乐公司已经签约在迪拜和新加坡开发同样的主题乐园项目。美国圣地亚哥、西班牙巴塞罗那等城市也将出现儿童职业体验乐园。

在中国内地，儿童职业体验乐园的发展也非常迅猛，2008 年大陆出现了第一家儿童职业体验乐园。

有别于传统游乐性质的主题乐园，社会职业体验馆主要是为 3~13 岁的儿童创造的一个体验法官、厨师、消防员、医生等各种职业的场所及机会，通过从事驾驶员、消防员、医生、理发师、比萨店厨师等工作，既可以赚钱，又可以锻炼社交能力。

由于运作成熟，国外趣志家的盈利结构据说比较多元化。如门票收入占总体收入的 60%；包括吉祥物、玩具、文具以及各种纪念品等在内的周边衍生品销售占 15%~20%；品牌植入，即品牌商家取得具体场馆冠名权，并在其中进行品牌体验式营销，如某品牌蛋糕房、某品牌银行等，占 20%~25%。

Kidzania 在全球的各家场馆都异常火爆，在日本等地甚至要提前几个月才能预订到入场门票，日本 Kidzania 第一年入场人次超出一百万。

进入 21 世纪，儿童职业体验也悄然进入了中国。2009 年 10 月，趣志家在上海破土动工宣布正式进入中国。首选上海是因为这里约有 125 万名 3～12 岁的儿童。同时，上海还拥有中国内地最庞大的中高等收入人群。据其中国区首席执行官 Alan Hepburn 称，他计划在未来 6 年内，在中国打造 8～10 家主题乐园。

除了墨西哥 KidZania、美国 Wannado 以及中国台湾 Babyboss 等，海外巨头也纷纷进军内地儿童职业体验市场。其他国内投资主体看到了商机，紧随而发。

目前儿童职业体验事业在国内蓬勃崛起，据粗略统计，国内已经开业的有 40 家以上，包括星期 8 小镇（分为上海店、武汉店、广州店、济南店）、深圳迪可可、杭州 Do 都城、北京欢乐之都、苏州大未来、天津 Kidtree、南京东方娃娃、沈阳梦想天地国际成长中心、长沙酷贝拉、郑州点点梦想城、北京蓝天梦工厂等等。

由于中国的父母非常重视对子女教育的投入，可以预计，中国的儿童职业体验馆市场潜力非常庞大，并将创造巨大的 GDP 值。

不过，也有业内人士指出，国内的多家儿童职业体验馆其实是粗糙经营，水平较低，基本上处于亏本经营。而投资商则是醉翁之意不在酒，仅是靠建设儿童职业体验馆项目获取政府补贴、资助，甚至拿到便宜的土地，或借机炒热项目所在地的房地产项目，以赚取房地产的巨利。

而面向成人的职业体验馆目前尚未有类似规模的开发，不禁让人感到遗憾。

▌生活体验

定义　体验某种生活经历的体验和体验项目。这里的生活是指狭义上的生活，即除工作、学习以外的一般的日常生活内容，主要是吃、穿、住、行、婚嫁、各类节日庆祝的习俗等。

举例　体验各地的特色饮食，体验土著人的树皮衣服，体验北极居民因纽特人的冰屋居住，南方人体验北方人的雪橇，体验少数民族——傈僳族的溜索，体验其他民族的婚嫁仪式，其他民族的人体验汉族的赛龙舟，其他民族的人体验蒙古族的生活（包括骑马、狩猎、睡蒙古包），等等。

详细分类　饮食体验（吃）；服装体验（穿）；住宿体验（住）；交通体验；婚俗体验；节日习俗体验；其他。

图3.1　体验骑大象

特征　适合发展为生活体验项目的生活内容一般具有以下特征。

（1）古代/过去的，或新兴科技发明且一般人仍无法享有的，或其他地区人们的奇特的生活内容。

（2）该生活内容是有特色的，有趣味的。

（3）这种生活内容是体面的、健康的，而不是肮脏或令人恶心的、有损人体健康的。例如有些民族比较愚昧的节日习俗就不适合发展为体验项目。

（4）安全的（被认为是），或者项目本来有一定危险性，但是经过体验项目经营者采取一些防护措施后不再具有危险性。

（5）提供给体验者的模拟设备成本不高，体验项目运营商能够顺利投资。

（6）一般与旅游业联系紧密，比较适合在旅游区开设。

（7）有些具有一定的季节性，并非一年四季均可开放。例如南方人要体验北方人的雪橇，就必须是冬季才可以开放。

（8）体验者在体验过程中应注意尊重当地人的禁忌，不要故意损贬、诋毁、戏弄当地人的禁忌或习俗；而体验运营者或服务员看到体验者非故意的冒犯时，应给予谅解。

▌ 文化民俗体验

定义　为消费者提供体验一个国家、地区或民族的特色文化民俗的体验和体验项目。这里的文化是指狭义上的文化①。

举例　体验中国傣族的泼水节；体验汉族端午节的龙舟比赛；体验哈尔滨的冰雕，体验沙雕等。

详细分类　一类是民族文化民俗体验业，由各个民族在长期的生活中形成，与民族信仰和喜好有很大关系，和地区没有必然的关系，例如回族特有的文化习俗；另一类是地区文化民俗体验业，由各地区人们在长期的生活中形成，与地理因素等有很大关系，例如沙漠地区特有的与沙漠自然环境紧密相连的文化习俗。

---

① 广义的文化指人和环境互动而产生的精神、物质成果的总和，分为三个层面——物质层面、制度层面、精神层面，包括生活方式、价值观、知识、技术成果，以及一切经过人的改造和理解而别具人文特色的物质。狭义的文化主要指与艺术、价值观和行为模式紧密相关的精神领域，它主要包括绘画、音乐、雕塑、戏剧、文学、节日庆典或宗教仪式等等。

图3.2　体验设计文化衫

特征　文化民俗体验和体验项目一般具有以下特征。

（1）体验对象是由各个民族或各个地区的人们长期积累形成的文化民俗内容。

（2）该文化民俗的内容是有趣味的。

（3）该文化民俗的内容是安全的（被认为是），或者项目本来有一定危险性，但是经过体验项目经营者采取一些防护措施后不再具有危险性。

（4）模拟设备成本不高，体验项目运营商能够顺利投资。

（5）一般与旅游业联系紧密，比较适合在旅游区开设；有的也可以移植到外地。

（6）多民族国家或历史悠久的国家具有较多的文化民俗体验资源。

▌科技体验

定义　体验某种由新兴科技打造的或富含高科技因素的体验和体验项目。

举例　借助高科技设施在模拟的环境中体验月球行走、地震、太空行走、失重飞行等。

特征　科技体验和体验项目一般具有以下特征。

（1）与新兴科技紧密联系或富含高科技因素。

（2）模拟设备的科技含量比较高，价格比较昂贵。

（3）主要消费群是年轻人、学生。

（4）安全的，或者项目本来有一定危险性，但是经过体验项目经营者采取一些防护措施后不再具有危险性。

（5）服务收费较高。例如俄罗斯航空部门对太空遨游体验的收费高达约2000万美元，美国利用高性能飞机来实施抛物线飞行提供的失重飞行体验费用约为3750美元。

（6）由于此类项目不具备民族性和地域性，且广受学生和家长欢迎，因此非常适合在各个大城市开设连锁机构。

（7）为了加强国民科学普及工作，政府也应该且可以开设公益性的科技体验机构。

（8）体验者应具备一定的经济基础，否则无法承担这种消费。

（9）美国等发达国家在开发此类体验项目时具有更多的优势，包括科技优势、资金或融资优势、消费群体的优势等。

？思考题

1. 北京有一家摄影店提供文化衫设计体验服务，每一位顾客都可以自己设计文化衫，并现场将其设计的文化衫制作出来，之后可以买走。很多学生、情侣非常喜欢这种体验服务，因此这家摄影店生意很好。你认为这种服务是属于工作体验业还是生活体验业，为什么？

2. 你还能想出其他分别属于工作体验、生活体验（衣食住行）、文化民俗体验或科技体验的"金点子"吗？

3. 两小无猜的小朋友喜欢玩"过家家"的游戏，你认为他们为什么会有这种兴趣？

按体验目的不同进行分类

根据一般情况下体验者实施体验行为的主要目的的不同，体验和体验项目可以分为学习型体验、丰富阅历型体验和娱乐型体验。尽管三者的目的不同，但是具有一般性规律，即学习性依次递减，娱乐性依次递增。因此丰富阅历型体验是半学习半娱乐性的体验。

之所以要加"一般情况下"的限定语，是因为其实目的是由消费者自己决定的。比如我们认为是娱乐型的体验，但是个别的消费者可能主要是带着学习的目的去体验的，因此我们用"一般情况下"表明我们是根据一般人一般情况下进行该项体验活动所带的主要目的来区分的。

之所以用"主要目的"一词，是因为体验者一般不会只有一个目的，但一般会以某个目的为主。例如，学校组织中学生去科技馆体验地震与月球行走，学校的主要目的是学习，但是其实也有娱乐的目的。

▌学习型体验

定义 一般情况下，体验者的主要目的是为了学习的体验和体验项目。

解释 此处的"学习"为狭义的学习，指系统性的正规的学习。广义的学习指任何增加了个人的知识量和信息量的主动和被动的行为和活动，包括为了丰富自己的阅历而进行的活动，即丰富阅历型体验。工作也可以视为广义的学习，俗话说"在学习中工作，在工作中学习"；生活也可以视为广义的学习，即"生活中无处不是学问"。

举例 在模拟的环境中体验地震、月球行走、失重，体验古老的灌溉工具脚踏翻车（又称龙骨水车、水车等），体验古代的人工碾米过程，在消防队的模拟环境中体验救火和逃生，在红十字会的帮助下体验救助溺水人员的过程，等等。

图 3.3　东汉时发明的脚踏翻车（左）　　图 3.4　游客在体验踏水车（右）

特征 学习型体验项目一般具有以下特征。

（1）该种体验项目的主要目标消费群体是高中或高中以下的学生（当然经常是老师或家长一起参与），其次是年轻人，再次是学习精神比较强的中老年人。

（2）该体验活动要求体验者有较严肃的学习心愿。

（3）此种体验项目给人的体验经历并非一定是快乐的，也许是需要付出一定的体力、汗水，甚至是艰辛。

（4）对消费者的指导、安全防护的工作需要更加细心负责。因为消费者年龄普遍较小，因此指导和安全方面的人力资源需求比重更大。

（5）由于人们往往愿意对教育进行投资，因此此种体验项目的市场需求大，

市场利润空间大。

（6）此种体验项目一般适合在各大城市开设连锁商业机构。

（7）此种体验项目一般能在仅仅依靠当地需求的情况下持续运营下去，形成比较稳定的运营，除非该地区的出生率极低。而其他种类的很多体验项目均依赖外来的流动人口的消费。

（8）此种体验项目一般更加容易得到政府在政策、税收乃至资金方面的支持，甚至是直接扶持。

（9）大部分科技体验项目属于学习型体验。

（10）体验项目的经营者应将营销重点放在对学校、教育行政机关等教育机构或家长的劝说上。

▌丰富阅历型体验

定义　一般情况下，体验者的主要目的仅仅是为了接触一些新事物、积累新经验、增加阅历的体验和体验项目。体验者既有一些娱乐的心情在里面，也有部分认真学习的心态。

解释　广义上讲，为了丰富阅历而进行的行为也属于学习行为，但是这种学习没有明确的学习目标、系统的学习环节，所含的理论少而简单，也不需要严肃的学习态度，因此不属于狭义上的学习。所以笔者将其单列出来。

但是，这一类体验和体验项目也不仅仅是为了娱乐，体验者也还是带着增加见识和阅历、接触新事物的态度来进行体验的。因此，从严肃性和娱乐性来讲，这种体验恰好处于学习型体验和娱乐型体验的中间。

举例　在陶艺馆体验陶瓷制作，在葡萄酒庄体验葡萄酒的酿造，体验其他民族独特的洗浴方式，外国人去中餐馆体验湖南或四川的辣味菜肴等。

特征　丰富阅历型体验项目一般具有以下特征。

（1）一般来说，喜欢丰富阅历型体验的人是比较富有文化品位且文化品位较高的，性格外向型的消费者。

（2）一般来说，该类体验者是中年人或老年人，但是这些消费者可能会鉴于项目的益处而积极鼓励或引导自己的子女或配偶一起参加。

（3）市场需求不大，消费群体少，市场利润空间小，因为不是普通民众的日常需求。如果社会生活水平较高，消费者文化素质高，则能增加消费群体。

（4）一般适合在旅游地区发展此类体验业。

（5）大部分文化民俗体验项目属于丰富阅历型体验。

（6）有助于各民族、各社群之间的文化交流和融合，能促进民族团结。

（7）这种体验项目在很大程度上依赖外来的流动人口的消费，仅仅靠当地的消费群体是不够的。

（8）一般情况下，政府对此类体验项目持中立态度，既不扶持也不限制。

（9）该类体验项目的经营者应将营销重点放在对家庭的整体营销上，劝说的重点对象是家长。

▌ 娱乐型体验

定义　一般情况下，体验者的主要目的是为了娱乐休闲的体验和体验项目。

举例　蹦极（体验空中飞人的感觉）、海盗船、太空梭，在美丽的珊瑚保护区体验潜水，恋人或夫妇体验古代婚礼，体验滑草坡（坐在垫子或滑草车上从长长的比较陡的草坡上滑下去）[①]。

特征　娱乐型体验项目一般具有以下特征。

（1）该种体验的消费群体覆盖面比较广，基本包含各个年龄阶段的人群，但是主要目标消费群体是年轻人或工薪一族。

---

① 滑草是使用履带用具在倾斜的草地上滑行的运动，1960 年由德国人约瑟夫·凯瑟始创，其基本动作与滑雪活动相同，因此，最初作为非滑雪季节的准备运动的一环，在国家队滑雪的夏季训练中被采用。由于滑草运动符合新时代环保的理念，且具有能在春夏秋季节体会滑雪乐趣的独特魅力，自德国推广到欧洲各国后，颇受人们喜爱，从而成了世界规模的大型运动。它所具有的娱乐休闲性，使许多追求速度和生活乐趣的女性也乐此不疲。普通百姓则可采用滑草车等都有更简单的滑草方式。我国广东梅州的雁鸣湖旅游度假村以及福建厦门同安的竹坝等都有提供滑草体验服务。

图 3.5　在滑草车上体验滑草坡

（2）该体验活动要求体验者有较轻松的心情。

（3）由于属于工薪一族的年轻人，尤其是恋人或结婚只有几年的年轻夫妇出手比较大方，因此利润空间大。

（4）非常适合在各旅游区添加此服务或在各城市开设连锁商业机构，尤其是各个城市公园适合引进此类体验项目。

（5）此类体验中容易出现不道德的或非法的体验项目，例如体验奢侈的事物、违反婚姻道德的事物、变态的事物等等，需要政府加强监管，因此也可能是政府限制发展或不鼓励发展的类型。

（6）项目有大有小，其投资成本也有大有小，投资风险可控性较强，因此大小城市均可以选择适当大小的项目来发展。大项目一般适合在大城市发展，因其受流动人口消费依赖的影响。

（7）对于成本较小的体验项目，运营商可以及时更换旧体验项目，引入、投资新体验项目。

（8）此种体验项目受节日消费影响比较大，一般均以节日为销售黄金期。

按主要消费者的来源地不同进行分类

根据一般情况下主要消费者的来源地的不同，体验和体验项目可以分为外地依赖型体验项目（简称外地型体验项目）和本地型体验项目。

▌外地型体验项目

定义　一般情况下，消费者主要来自体验服务提供商营业所在地以外地区的体验项目。

解释　世界上很多地区存在许多有着鲜明地方特色的生活习俗、文化和其他事物，这些事物吸引着其他地方的人们前往体验。这些体验者希望看看别人是怎么生活的，他们关注其他社群的生存状态和生存方式，关注其他文化和文明，也想从中借鉴一些经验。而本地人则因为早已司空见惯，一般不会产生此类体验需求。

举例　一位美国姑娘在湖南湘西时向一位摊主承租了一套美丽的苗族服装与当地老百姓留影，并询问该服装上的元素的相关情况，并买下了一个苗族的小包。该摊主经营的行业就是外向型体验业。类似的，让游客体验当地的竹竿舞、泼水节等项目均属于外向型体验业。

特征　外地型体验项目一般具有以下特征。

（1）该种体验项目的主要目标消费群体是外地游客。

（2）文化民俗体验一般为外地型体验项目，这些体验项目主要是向外地人提供体验当地生活文化等有地方特色的事物的服务。

（3）广告策略非常重要，服务提供商要重视网络营销。

（4）该种体验项目主要与旅游业相关联，经营者要与旅游经营机构建立起良好的合作关系。

（5）有利于世界各个民族社群之间的文化交融、相互理解和相互学习。

（6）此种体验项目一般能得到政府的支持甚至是扶持，政府也应该重视这类体验业的发展。

（7）该种体验项目需要投入的资金不多，风险不大。

■ 本地型体验项目

定义　一般情况下，消费者主要来自体验服务提供商所在地的体验项目。

解释　如果体验对象存在于过去、富含尖端科技（相当于未来的），或者体验对象发生的概率非常低，那么该体验对象对于大部分当地人来说，是一种新奇的有吸引力的事物，则提供相关体验服务的体验项目属于本地型体验项目。

举例　北京科技馆向当地居民提供地震体验服务，并向消费者提供地震逃生技巧等知识。

特征　本地型体验项目一般具有以下特征。

（1）该种体验项目的主要目标消费群体是本地居民。

（2）当地居民生活水平比较高，因为体验需求属于高级需求，生活水平太低可能导致营业额很小。所以营业所在地必须是人口较多的大城市。

（3）本地广告策略非常重要，服务提供商要重视在当地的电视、报纸上发布广告，但无需持续性地发布。

（4）如果服务提供商所提供的体验服务已经被大部分当地居民所熟悉，不再具有明显的新奇性和吸引力，那么服务提供商应及时考虑创新内容或更新内容。

同一地区共存的外向型体验业和本地型体验业基本上是互补关系，而不是竞争关系，它们的主要消费者分别来自该地区以外和该地区内部。

按体验对象与日常需求的关系进行分类

根据体验对象与日常需求的关系的不同，体验业可以分为稳定型体验项目和易变型体验项目。

▌稳定型体验项目

定义 一般情况下，人们对体验对象仅仅会产生体验需求而不会产生日常需求的体验项目。

举例 一般而言，人们不会对地震体验服务中的体验对象——模拟地震产生日常需求。同样，月球行走体验、古代婚礼体验等均不会转化为日常需求。

特征 稳定型体验项目一般具有以下特征。

（1）体验对象一般不是人们日常生活所需的，该种体验项目一般不会转化为其他产业。

（2）当地消费需求有限，虽然个别人会多体验几次，但是大部分时候，人们一旦体验过该体验项目就很难再成为该体验项目的潜在消费者。新的消费增长只能来自新出生的人口或外来人口。

（3）经营者尤其要注意此类体验项目只能在大城市或流动人口多的地方开设，否则生意将很快惨淡下去。

（4）此类体验项目存在一个合理盈利空间内的存活期，因此一旦过了存活期，在适当时候经营者需要更换体验项目以继续经营。

（5）经营者必须严格分析该体验项目的投资大小，以及在体验项目的存活期内能否收回成本并有合理的盈利。

▌易变型体验项目

定义　一般情况下，人们对体验对象不仅会产生体验需求，而且有可能产生日常需求的体验项目。体验项目中的绝大部分项目属于此种。

特别说明　自古以来，一些人创造出来的许多优秀而符合人性需求、符合历史进步的饮食、服装、出行工具、住宿方式等事物或行为模式，都在另一些人的体验中逐渐为他们所喜欢而被接受为一种日常消费。优秀的物质品种、文化、习俗或生活模式就在体验中被广泛传播开来。最为著名的比如丝绸、瓷器、茶叶、纸张等从中国传播到了欧洲大陆，玉米、西红柿和红薯从南美洲传播到了亚洲，蒸汽机、火车从欧洲传播到了世界各地。

但是，古代的这种体验绝大部分情况下是人们自发的，而不是体验服务提供商推动的。但是古代也存在一些体验服务提供商，这些内容将在下面的章节中详细阐述。并且古代的这种体验更多地集中在饮食、服装等物质领域，文化领域的体验比较少。

举例　一般而言，人们可能会对"昆虫大餐"体验服务中的食用昆虫产生日常需求，由体验式的食用昆虫变为日常习俗；人们一开始是体验潜水运动，然后可能就会将潜水运动变为一项日常的运动；人们一开始是体验磁悬浮列车，后来可能会喜欢乘坐磁悬浮列车出行；人们刚开始是体验滑雪，后来可能会喜欢上滑雪了。

特征　易变型体验项目一般具有以下特征。

（1）该种体验项目一般容易转化为其他产业。

（2）当地消费需求很可能持续增长，人们一旦对该体验对象产生日常需求，则消费需求会变得非常稳定。

（3）经营者尤其要注意设计好营销策略，尽量让消费者对该体验对象产生日常需求，逐渐熏陶型的营销策略一般是比较合适的。

（4）对此体验项目进行产业经济统计时比较麻烦，有时难以判断到底该将其归为哪一类进行统计。

（5）在全球化浪潮下，这种体验将更加广泛地发生。其不仅会发生在饮食、服装等物质领域，发生在文化领域的体验也会越来越多。文化和生活模式的传播、交汇也将因此更加广泛而深入。

（6）在现代社会，这种体验更多地由自觉发生变为主要由体验服务提供商提供，或由政府推动。而政府为取得更大的文化话语权（或文化霸权），有可能会特意推广、扶持这些体验项目以及体验服务提供商。

其 他 分 类

其他分类有很多，但是意义不大，所以我们简单述之。

按是否合法分类，可分为合法体验业和非法体验业。虽然现在大家没有明确的体验业概念，也没有专门的有关体验业的法律法规，但将来一旦有了，这种划分的意义会增大，尤其对于体验业经营者和政府来说，因为这涉及新的博弈。非法体验业所提供的体验往往是纵欲型的体验，或一个正常人不应该有的体验，例如自杀体验、杀人体验、聚众淫乱体验等。

按体验的内容是否健康来分类，可分为健康型体验业和非健康型体验业。这种分法和"合法体验业和非法体验业"的分法类似，但是还是有不同的。例如非法体验业可能是健康的，只是因为涉及政治因素而被政府禁止。

按政府的赞成态度来分类，可分为政府扶持型体验业、政府支持型体验业、政府限制型体验业和政府禁止型体验业。政府扶持型体验业可能成本较高，或盈利较少，但有利于提高民众的素质，一般为学习型体验业和有利于民族间文化交流或推广某一民族文化的体验业。政府通过税收优惠、地租减免（在土地未私有化的国家）、贷款倾斜政策、经费拨付等手段扶持该类体验企业。政府禁止型体验业差不多就是非法体验业，但是在有些国家因为法律不健全，政府禁止型体验业可能并非非法，而是违反了各级政府颁布的政策条款。对于政府限制型体验，政府虽然允许其发展，但是有许多的限制条件，并且会对其加以严密监控。这里讲的政府，应该是法律的代名词。

按体验的内容属于的时间段来划分，可分为历史型体验、现在型体验和未来型体验。历史型体验，其体验内容存在或流行于以往的历史时期，现在不再存在或流行，例如秦朝婚嫁仪式；未来型体验多是体验高科技成果，这种体验业多是易变型体验业，随着科技的发展和人们消费水平的提高，人们往往会对体验对象产生日常需求，例如体验可以飞翔的汽车（假设可以）。

按体验活动的进行过程是否对环境造成不当影响来划分，可分为环保型体验业和非环保型体验业等。

思考题

1. 构思一种本书目前尚未提到的新的学习型体验业，考虑一下创业方案，评估一下它的可行性。

2. 假如你是政府官员，你认为为了推动当地旅游和体验产业的发展，推广当地有特色的文化，应该扶持哪些文化方面的体验业？有何投资和回报？

3. 你比较喜欢参与哪一类的体验活动？为什么？

Experience industry

为什么要发展体验业

体验业——财富新源泉

▌个人层面上的意义

相对于个人来说，体验业的发展在经济方面有以下意义。

1. 增加更多的就业机会

因为体验业需要很多的人力资源，包括经营者和管理人员、接待人员、指导人员、安全保护人员、设备维护人员等，所以体验业会为个人增加就业机会。

2. 增加更多的创业致富机会

对于创业者来说，一个新产业的兴起，也就是他们成长为新一类企业家，创业致富的机会来临了。谁有眼光、有创意、有魄力、有资金流入，谁就会捷足先登，脱颖而出。这同手机短信业、网络购物业和网络搜索业的兴起是一样的道理。

3. 增加更多的消费方式

体验需求是人们消费需求中比较高级的需求。当人们生活水平提高了，消费需求也会逐渐提高，因此旅游业、体验业必将兴起发达。过国庆了，还像往年那样吃吃喝喝逛逛公园？去风景区旅游一下，或去自助手工 T 恤店为自己或和爱人一起设计 T 恤、文化衫，或带着小孩子去体验月球行走，是不是要有情趣呢？所以，体验业的发展增加了新的消费方式。

体验业的发展也会促进旅游业和娱乐业的发展，三者往往结合在一起，产生出更多新鲜的消费项目。

这种消费因为带有广义上的学习性质，因此属于知识消费，是知识经济时代的一种重要的消费方式。

4. 提高了生活质量

人们通过体验一些有益的新事物，学到了新知识，增加了智慧，获得了新感觉，丰富了阅历，也丰富了生活，开拓了人们的思路。不知不觉中，人们身心得到了愉悦，生活质量也更高了。

王琪延等著的《休闲经济》中认为，现在人们的"休闲方式过于狭窄"。经调查，北京居民"在周日平均全部闲暇时间（5 小时 45 分钟）中，看电视为 2 小时 29 分钟"，"休闲活动是被动和低层次的"。确实如此，很多时候，很多民众不得不依靠电视、纸牌、麻将、象棋等简单而重复的活动度过宝贵的闲暇时光，这些活动对释放生活压力、陶冶情操、启迪心智等方面的作用均明显落后于时代的需求。

▌社会层面上的意义

相对于一个地区、国家或国际社会来讲，体验业的发展在经济方面有以下意义。

1. 提高社会就业率和劳动者福利

体验业属于服务业，而服务业大部分属于劳动密集型产业，因此其对于提高就业率有很大的帮助。就业率的提高有利于改善人才市场中人才供大于求的局面，从而有利于劳动者与雇佣方在劳动报酬上的博弈，使劳动者获得更好的福利。

普通机械和智能自动化机器的推广，必然会吞噬大量的就业岗位，这是"机器吃人"的必然局面，从而导致人才市场上供大于求。这种市场结构会导致两种状况：一是存在大量的失业人员，其生活福利状况不佳；二是就业人员的工资水平受到雇方的压抑，生活福利水平下降，尤其在劳工保护比较差的国家更是如此。

改变这种状况的手段大致有三种：一种是国家强制要求各企事业单位雇请超过合理数量的工作人员，人为地将生产效率重新降下来；第二种是国家加强劳工保护，保证在职劳动者的合理劳动回报；最根本的一种办法还是开创新的生产领域、新的工作岗位，尤其是那种知识含量高、技术含量高的工作岗位，因为这些岗位在很长时间内无法被机器所代替。体验业正好能担任这样的角色。

人类的发展历史在某种程度上其实就是知识经济日益强盛的历史，机器发展的历史，新兴的知识性产业不断涌现的历史，诸如教育业、新闻产业、影视产业、信息产业等，体验业的出现只是其中普通的一环。

2. 比较绿色地增加 GDP 值和社会财富

一个产业的兴起，一般来说意味着新的生产的增加[①]，国内生产总值（GDP）自然会随之增加，对于地区或整个世界来说，社会财富自然会增加。

以旅游业为例，中国的旅游产业从 1927 年建立至今[②]，在短短不足百年的时间内，发展相当迅猛，1999 年国内旅游收入达 2831.92 亿元，占 GDP 比重的 3.45%[③]。国际旅游业的年收入 1980 年仅仅为 1023.63 亿美元，但是到 1998 年便增加到了 4394 亿美元，增长了近 3 倍多。有学者甚至认为，旅游业"必然"

---

① 一个新产业的兴起，并不必然引起新的生产的增加。如果社会的生产能力总量没有增加，而且没有剩余劳动力，则新兴产业的生产的增加，是建立在传统产业的生产减少的基础上的。但是，上述假设很难成立，因为社会的生产能力总量一般是随着科技进步和效率提高不断增加的，而且社会上一般存在剩余劳动力。

② 唐留雄：《现代旅游产业经济学》，广东旅游出版社 2001 年版，第 38 页。

但是，笔者对于该书的这个观点有一些异议。根据该书介绍，1927 年中国第一家旅行社"中国旅行社"挂牌成立，该书认为该旅行社的成立"标志着中国近代旅游产业的建立"。笔者认为，产业的建立意味着从事该行业的商业机构有很多并形成了一定的规模。如果仅仅有几家商业机构也说是形成了产业，那古代秦淮河上的众多游舫就形成了旅游产业了，显然这种解释很勉强。

笔者比较赞成"产业"的定义："产业即具有某种同类属性的具有相互作用的经济活动组成的集合或系统。"（资料来源：苏东水主编：《产业经济学》，高等教育出版社 2000 年版，第 4 页。）

因此，笔者认为实际上中国的旅游产业从建立至今大约只有 30 年的时间。

③ 唐留雄：《现代旅游产业经济学》，广东旅游出版社 2001 年版，第 46 页。

成为国民经济中的支柱产业①。

因为体验业是比较环保的产业，所以这种 GDP 和社会财富的增加是比较绿色的。

3. 国家税收增多

体验业增加社会财富，促使国内生产总值（GDP）增加，国家又必然通过税收的形式参与这些财富的分配，国家税收自然也会跟着水涨船高。

4. 国家外汇储备可能增加或减少，国际货币流通更广泛

一个国家的文化体验业以及新奇的科技体验业会产生强大的国际性的吸引力，其他体验业当然也有，不过可能没有如此魅力四射。如果一个国家的体验业相对比较发达，吸引的外国消费者比较多，而外国消费者必然带来大量的外汇，则其创收的外汇一般会增加。相反的，如果该国体验业不发达，则其创收的外汇会减少。消费者的跨国消费行为也会促使国际货币的流通更加广泛。

5. 跨国公司会增加

体验业中的很多项目适合连锁经营，例如乡村生活体验项目、地震体验项目、失重飞行体验项目等。一个国家的体验业比较成功的话，一般会将适合去外地推广的项目在其他国家和地区进行推广，这样就会促成跨国公司的增加。外资和外国企业的涌入，会影响当事国的体验业的发展。

6. 促进旅游业、娱乐业和教育业等相关行业的发展

体验业、旅游业、娱乐业和教育业四者本身是紧密联系的，有的甚至是重叠的，而且有相互促进的作用。

举例说，汨罗地区旅游局向外国游客提供龙舟比赛系列体验活动，哈尔滨冰雕节主办方向游客提供冰雕体验，三亚珊瑚保护区引进潜水体验项目，这些均将促进该地区旅游业的进一步发展；再如科技馆、少年宫、博物馆等机构开

---

① 魏小安、刘赵平、张树民：《中国旅游业新世纪发展大趋势》，广东旅游出版社 1999 年版，第112、116、2 页。

设陶瓷体验、传统造纸术制作、模拟地震、模拟月球行走等学习型体验项目，其本身可视为教育行业的发展，从而使国家的教育体系、教育形式和教育内容更加完备。

体验业的乘数效应①还远不止如此，体验业有利于促进诸多产业的相互渗透合作，共同发展。譬如失重飞行体验项目有利于国家科技的发展，服装体验项目能促进民族服装的销售，文化体验项目能促进民族工艺品的销售，滑草体验项目将可能在若干年后为整个国家带来一项新的普及性运动项目。这也是未来的体验产业经济学应该研究的课题。

这里，笔者尤其推崇的是，将城市的公园与体验产业结合起来一起发展，这样不仅发展了体验业，也可以让公园焕发更广袤的生机。现在很多公园因为没有特色，没有好玩的项目，往往只能吸引那些锻炼身体的人，或少数几个谈恋爱的年轻人，如果引入几个合适的娱乐型、学习型体验项目，立刻就能吸引众多的儿童和年轻人来消费。而且很多体验项目投资少，一批玩厌了，马上可以引进新的体验项目。

7. 将优化国家或地区的产业结构

一般随着机械化、自动化时代的推进，大部分的劳动力会从第一产业和第二产业中退出来，进入第三产业，第三产业将迅猛发展。如果第三产业发展跟不上，则会出现大量的失业工人，或大量工人被迫滞留在第一、二产业，导致第一、二产业的效率人为地低下②。由于机械、标准化生产不再是垄断性的生产工具或技术，所以其生产的产品的利润空间也被大大缩小了。因此，第三产业是否发达已成为衡量一个国家或地区的产业结构是否合理、是否尚可优化的一个重要标准。

体验业属于第三产业中的服务业，所以它的兴起将会大大增加第三产业在

---

① 乘数效应（multiplier effect）是一种宏观的经济效应，是指经济活动中某一变量的增减所引起的经济总量变化的连锁反应程度。

② 例如，一些城市将大量的下岗工人安排成为交通协管员，反而使城市的交通管理效率显得非常落后。拥有发达的交通管理的城市的十字路口，没有一个人管理也会井井有条。

国民经济中的比重，因此将起到优化产业结构的作用。

8. 增加国家经济监管内容

面对新产业的出现，国家需要在法律上进行规范，工商行政管理部门要出台新的政策，将其列入国民经济发展纲要，增设新的监管职能部门进行监管，或增加原有监管部门的监管工作内容，并纳入国民经济统计范围等等。

9. 增加新型的商业机构、行业团体、研究机构等单位

包括提供各种体验服务的企业、体验业行业协会、研究单位，杂志社、报社、网站等媒体。这些单位都可为体验业的发展添砖加瓦。

笔者特别希望涌现出像美国华特·迪斯尼公司、中国华侨城集团这样大型的、专业的体验企业，打造出类似迪斯尼乐园、欢乐谷这样的大型体验之城。

10. 提高知识经济的发展水平

许多学者认为，21世纪以后许多国家的经济进入了知识经济时代，知识成为最重要的经济因素，知识和信息的生产、加工、传播、消费以及由知识带来的增值会大大增加①。知识经济的出现，标志着人类社会正步入以知识资源为依托的新经济时代，由此引发的经济革命将重塑全球经济的新格局，并将引起政治、社会的全面变革。

知识经济的核心在于创造知识、应用知识的能力和效率，而知识经济的基础则是知识的广泛传播并为人们所吸收。体验业正是推动知识传播的一大途径，它和国民基础教育行业、培训行业、出版业、广播电视网络行业等一道推动知识的传播。因此体验业能有利于提高国家或社会的知识经济的发展水平。

---

① 1959年，美国管理学家彼得·德鲁克预言知识劳动者将取代体力劳动者成为社会劳动力的主体，后来其又提出了"知识社会"的概念；1990年联合国经贸组织提出了"知识经济"的说法；1996年，世界经济合作与发展组织（OECD）在其发表的《科学技术和产业发展》的报告中对知识经济（knowledge-based economy）做了明确的界定："以现代科学技术为核心的，建立在知识和信息的生产、存储、使用和消费之上的经济。"该报告同时指出，在世界经合组织的主要成员中，知识经济所创造的产值已占其国内生产总值的50%以上。

参见苏东水主编：《产业经济学》，高等教育出版社2000年版，第508~509页。

体验业——获取成绩的新途径

▌ 个人层面上的意义

相对于个人来说，体验业的发展主要有以下意义。

1. 政府官员造福国民、荣获政绩的新领域或新途径

政府官员，特别是旅游区的官员，可以通过发展体验业，做出令人赞叹的成绩来获得政绩。这些成绩包括提高当地的国民生产总值、政府税收，提高当地的知名度，减少当地的失业率，提高当地居民的生活水平，吸引更多的外汇、外资，等等。

笔者从陕西政府公众信息网（http://www.ewit.gov.cn）上看到了一个招商引资项目，这个由耀州窑博物馆主建的项目叫"耀州窑陶瓷文化园区开发建设项目"，其中有一个建设项目叫陶艺村，就是计划模仿营造古代陶瓷文化氛围，使观众置身其中，通过体验传统的手工制作工序，让观众亲自体验制作陶瓷的乐趣。并恢复古代陶瓷制作的手工作坊、陶瓷店铺、茶社、饭馆等民俗文化遗风，将古老的耀州窑缩影展现给当代游人。招商书上宣称按年平均接待游客10万人次计算，人均消费50元，年收益500万元，扣除成本和管理费用，预计3年多可收回投资。

2. 国民多了一种释放不满与能量的正当途径

每个人在生活中有种种不愉快，或者有多余的能量想找个地方发泄一下（尤其是年轻人和精力旺盛的中年人），而发泄往往是通过寻求刺激来完成。如果发泄的正当途径比较多，那么个人要保持心态平衡就更加容易。如果没有正当途径，恐怕有些自我调控能力差的人就会通过非正当途径来发泄。

生活中的集会、游行、愚人节和狂欢节聚会、单身男女之间的舞会、大众娱乐等活动都有这样的调节功能。体验业一般能提供新鲜的刺激，因此也能提供这样的正当途径。

▌社会层面上的意义

相对于一个社会来说，体验业的发展主要有以下意义。

1. 政府造福国民、荣获政绩的新领域或新途径

政府，特别是旅游区的政府，可以通过发展体验业，做出令人赞叹的成绩。这些成绩包括提高当地的国民生产总值、政府税收，提高当地的知名度，减少当地的失业率，提高当地居民的生活水平，吸引更多的外汇、外资等等。

2. 促进社会稳定与和谐

失业率的减少，国民生产总值的增加，老百姓生活水平的提高，正当的发泄能量与不满的途径的提供等均有利于社会的稳定与和谐。

3. 扩大对外开放，传播本国、本地的优秀文化，争取文化话语权，提升当地知名度

由于体验需求是人类的高级需求，人类只有在经济发达的情况下才会去满足自己的高级需求。所以一般来说，一个地方的体验业的发达是建立在当地比较发达的经济的基础上的，一个贫穷的地区是很难有发达的体验业的。同时，与人类的其他消费经验相比，体验业的消费者更乐于将自己的经验与其他人分享，包括介绍享受体验消费的地点。因此发展体验业非常有利于扩大对外开放，传播本国或本地区的优秀文化，争取文化话语权，获得其他国家人民的更大的认同，并提升一个地区的知名度。

例如，美国华特·迪斯尼公司在法国、日本、我国香港等地开设了迪斯尼主题公园。这种企业传播了美国文化，扩大了美国文化的话语权，获得了其他国家人民的更大的认同。同样的，体验业的发展也有这样的政治意义。

体验业——促进文化新发展

▌ 个人层面上的意义

相对于个人来说，体验业的发展在文化方面主要有以下意义。

1. 学习新知识，增加社会阅历或社会经验

体验业本身是为了满足人类的好奇心和探索愿望而产生的，因此几乎每一种体验项目对于大部分消费者①来说均有学习新知识的意义。当然，如果此处的知识是狭义上的知识，则只有科技体验业或学习型体验业能有此意义。但是其他体验项目至少有增加社会阅历或丰富社会经验的作用。

2. 增加对其他文化或生存状态的了解与理解

体验业中有很多项目是体验其他社群的文化或生活方式的，例如体验傣族的泼水节，体验明朝的婚嫁仪式，在康西草原体验草原生活等等。这些体验能够增加体验者对其他文化或生存状态的了解与理解。喜欢对山歌的苗族男女青年的恋爱和婚姻与我们的有着哪些差别？明朝人又信仰和坚守着什么样的爱情观？草原上的人们为什么嗓音那么粗犷？这些在不同的体验者心里留下了不同

---

① 一般来说，一个体验项目中的体验对象并不是对所有人来说都是新事物，只是对大部分人来说是新事物。例如，北京郊区的康西草原对于从内蒙古移居到北京的公民来说就不是新事物；月球行走体验项目对于宇航员来说也不是新事物。

的感悟，形成了其自己的理解。

3. 新的冲击带来新的思考和人生态度

新事物往往能给人强烈的刺激，这种新的冲击又往往会启发人们去思考，并且影响着感受者的人生态度。举例说，科技体验项目往往会让体验者更加关注和信仰科学，尤其是小孩子们；文化体验项目往往会增加人们对美的思考和对自己生存状态的反思，体验过傣族泼水节的人们往往会欣喜于人们之间的那种纯洁和友好的感情，并赞赏这种浪漫和恰当的表达方式[①]。

▌社会层面上的意义

相对于社会来说，体验业的发展在文化方面主要有以下意义。

1. 有利于民众的文化、科学等综合素质的提高

当体验业发展成熟时，民众能通过体验业轻松愉快地学到许多新的知识，增加社会阅历或社会经验，熏陶日久，民众的文化、科学等素质自然会有所提高。例如地震体验项目能让人们学习到地震前的预兆和地震逃生知识。

2. 有利于社群之间的相互理解、相互学习和交流

世界各国各民族，甚至各个社群都有着千差万别、五彩缤纷的生活方式、文化、信仰等等。体验业让人们有机会在愉快中体验其他国家、民族或社群的这些内容。通过相互了解，增进理解，促进友好交流，可以让地球村更加和睦融洽。

3. 有利于世界文化与文明的繁荣、进步

在世界各国、各民族或各社群不同的生活方式、文化、信仰等内容中，有

[①] 笔者的观点是，有些社群人际关系不太和谐，其中有一个重要原因是缺少恰当的表达方式或交流方式（当然，现在房地产的紧张发展也导致邻里之间缺少认识、交流的公共场所）。傣族人民在人际交往中的很多小小的矛盾和摩擦在泼水节等类似的活动中能得到有效地消除。如果小矛盾和摩擦没有被及时消除，而是被累积下来，则对人际关系非常不利。合作型交往或博弈是以信任对方为前提的。

很多真善美的东西是值得相互借鉴的，有些先进性的事物是值得其他人学习的，有些落后的事物会在交流中大浪淘沙般慢慢隐去。因此，体验业的发展能促进各国文化、生活模式之间的交汇，促进世界文化、文明的繁荣和进步。另外，体验业还能促进民众素质的提高，这也会有利于世界文明的进步。

4. 获得合理的文化话语权

适度发展体验业，能让外人体验本国/本地的优秀文化、生活方式，从而获得合理的文化话语权，以及随之而来的文化上的自尊心和自信心。

延伸阅读

体验需求与体验项目开发

1. 一对年轻人的体验需求

12月1日对于浙江温州市的城市青年潘先生与毛小姐来说是一个特别的日子，因为在这一天他们俩将喜结良缘。让他们更加兴奋的是，按照他们的计划和心愿，他们的婚礼将按照北宋末年的古婚俗仪式举行。这场趣味盎然的婚礼由楠溪江婚俗旅游服务有限公司提供和实施，整个婚礼有背新娘、拜堂、掀红盖头、一盏香茶敬父母等环节，充满了传统文化的乐趣与魅力①。

2. 神秘的体验服务提供商

楠溪江婚俗旅游服务有限公司位于温州市永嘉县岩头镇苍坡村，一个充满古老和传统色彩的地方。楠溪江是瓯江下游最大的北支流，众多的古村落就散落在楠溪江中游两岸。它们大多拥有明确的建村主题，突出了古代文人"耕可致富，读可荣身"的社会理想。由于保存有比较完整的宋式村貌、明清建筑及其文化习俗，从20世纪80年代起，这些古村落逐渐受到

---

① 资料来源于浙江在线的世纪摄影频道（http://www.zjol.com.cn/gb/node2/node13984/node13987/userobject15ai1368714.html，最后一次上网验证时间：2006 - 7 - 17）。

了政府和人们的关注。

该公司是在县旅游局的指导下，由22个村民自愿集资设立的。每人投入5000元，每月有1万元收入①。公司既提供古婚礼的表演，也为消费者承办这种古式婚礼。

图4.1　传统婚礼（许日尤摄影）　　　　图4.2　楠溪江婚俗旅游服务有限公司

3. 曾经的尴尬

1988年，浙江永嘉县楠溪江被确定为国家重点风景名胜区，景区内200多座古村落也由此撩开了神秘的面纱。清涟的水渠、秀美的山野、幽谧的村巷、古朴的民居、淳厚的民风和独特的习俗，吸引了许多专家和旅游者。

但是散布在楠溪江中游两岸的古村落群如果不加以及时抢救，十年内即将消亡。对古村落的威胁主要来自三个方面：由于年久失修，大部分古建筑已是风雨飘摇；各种新式建筑频频出现，与传统风貌格格不入；因为不具备专业知识，一些不恰当的修复，反而使古村落显得不伦不类。

资金的匮乏使古村落的保护捉襟见肘。在十多年的古村落保护中，政府

①　资料来源于东方网（http://finance.eastday.com/epublish/gb/paper257/1/class025700002/hwz489150.htm）。

投入的资金已达 2 亿多元。虽然有省、市两级政府的支持,这些资金主要还是靠永嘉县自己解决。永嘉县 1996 年才脱贫,实在拿不出更多的资金。

楠溪江古村落的保护曾经陷入一个怪圈:专家呼吁,政府着急,村民却无动于衷。其实,最初提出古村落保护时,村民们都很支持,希望能借此机会摆脱贫困。但是由于政府只顾保护不重开发利用,只有投入没有产出,结果是村集体经济负债,村民没有得到任何好处。于是村干部没了积极性,村民更是一片抱怨声。

4. 体验项目的开发与共赢

苍坡村一座普通的民宅前挂着"楠溪江婚俗旅游服务有限公司"的牌子,屋内花轿、新人奉茶、地方歌舞等婚俗表演一应俱全,游客不仅可以从中了解当地民俗,还可以参与其中。

负责人李三珍介绍道,这个公司是在县旅游局的指导下,由 22 个村民自愿集资设立的。每位村民投资 5000 元。现在公司每月有 1 万元收入,每个人可以拿到几百元工资。虽然收入不多,大家还是感到满意。原来村里出去打工的人多,现在看家里也有机会赚钱,陆续回来了不少人。一些受益的村民开始自己动手修理房屋,保护这些资源。永嘉县新闻信息中心承办的永嘉网为楠溪江婚俗建立了专门的网页,用以宣传这些体验资源。

来旅游的许多游客很有兴致地参加了婚礼体验活动,或打算以后结婚时来参加这种婚礼体验。来体验婚礼的团体成员往往也会顺便进行旅游和购物,因此体验业和旅游业一起促进了当地的经济发展,促进了当地古村落的保护,也给世人保留下了体验和感受传统文化的机会。

体验有风险，投资需谨慎

尽管体验业有诸多好处，是值得发展的，但它也有很多不好的地方，本节主要介绍它的缺点。

1. 不适当的体验需求被泛滥地满足

人的好奇心有时是非常有益于人的发展的，但是不适当的好奇心则会损害人的理性，从而使其做出非理性的行为。非理性行为主要有以下几种表现形式：

（1）体验消极的事物。并非所有体验消极事物的例子都是坏事，一个成熟的理性人短期体验消极的事物是有益其发展的，可以帮助其正确认识世界的真实面貌：阳光与黑暗并存，消极与积极同在。但是上述结论的前提很难得到满足，许多人在体验消极事物之后，该体验往往会对其产生消极影响。例如体验过自杀（尽管该体验项目是安全的，没有恶意的）后的体验者日后自杀的概率可能会大大增加，体验过杀人的体验者日后发生杀人的行为的可能性也会大大增加。

这要求政府要加强对体验服务提供商的监管，确保体验项目的积极性，而对存在合理范围内的负面影响的体验项目，其经营者要在各类广告中和体验现场安排必要的说明甚至心理辅导程序。

（2）体验安全性不够的事物。第 2 章中介绍过安全性是体验的基本属性之一，但有些人因为好奇心太过强烈而忽视了体验的安全性，或盲目自信。这要求政府要加强对体验业的安全设施和安全制度的监管，缺乏基本安全性的体验服务项目应禁止设立。

（3）花过多的时间去体验新事物。像许多人沉迷于网络游戏一样，有些人可能会花过多的时间去体验新事物。一个人要有所作为，并不需要了解世界的全部，也不需要了解很多重复的细节①，以学习和增加经验为借口而过多地享受体验服务是没有必要的。

当然，衡量一个人是否过多地享受体验服务，必须根据具体情况来判断。例如，作家、记者、法官、立法者等人员可以适当比普通人多消费一些工作类体验项目，文化类官员可以适当比普通人多消费一些文化类体验项目，这些体验有助于其职业水平的提高。

（4）体验违反公序良俗、道德或法律规定的事物。这里讨论的前提国家已经出台了有关法律法规，尤其是专门针对体验业发展的法律法规。注意，违法的体验项目未必违反道德，违反道德的体验项目未必违反法律；在一个国家属于违法或违反道德的体验项目在另一个国家则可能属于合法合理的体验项目，这跟不同国家不同的法律制度和道德要求有关。此外，鉴于法律和道德是不断发展变化的，因此有的体验项目在不同时期在被判定为是否违法或违反道德的结果上也会有很大差别。

这也要求政府加强对体验业的立法治理和行政监管，发现有违法的体验项目要坚决取缔。

笔者认为，政府应禁止民众开发、经营以下类型的体验项目：

• 违反国家法律、法规、规章制度的；

• 宣传伪科技知识、封建迷信思想的；

---

① 笔者认为沉迷于大同小异的网络游戏和情感泡沫剧是典型的了解重复的细节的做法，是没有必要的。正确的做法是初步接触细节时就要积极了解这一类事物的规律，了解了事物的内部骨架后即可以不必再重复了解细节。这也是很多体验业吸引不了太多的成熟的中老年人的原因之一（详细分析在后面的章节中）。

- 淫秽、色情或违反性道德的；
- 渲染暴力的；
- 煽动国别歧视、民族歧视、种族歧视、地域歧视、职业歧视、性别歧视等的；
- 宣传奢华享受、毁人心志的；
- 其他违反公序良俗的。

2. 存在不健康的体验服务

这是从生产者的角度得出的结论。体验服务提供商可能通过提供不健康的体验服务来牟取暴利。

3. 增加了政府的监管难度

对体验业的监管也许和对娱乐场所的监管一样，非常艰难。越是小规模的商业机构越是难监管，因为其经营者往往缺乏远见，偏好做短期投资而不顾道德和法律约束。当然，体验业连锁店的推广可能有利于监管难度的减轻。

4. 国家外汇储备减少

如果一个国家的体验业相对比较落后，可能会因此造成外汇储备减少。

5. 减少文化话语权

文化话语权是建立在经济基础上的，英语的流行就是一个典型的例子，没有日不落帝国的曾经存在，英语就不会如此流行。美国文化现在之所以到处流传，也是因为这个原因。弱势国家正当的文化话语权的弱化已经引发了许多问题，包括美国文化模式的过度传播[①]和弱势国家优秀的文化被漠视等等。体验业中有很大一部分是有关文化和生活方式方面的体验，而体验业的发展可能导致强势国家的文化话语权进一步膨胀，而弱势国家的文化话语权进一步弱化。

---

① 有学者认为这是一种文化上的入侵。

思考题

1. 美国华特·迪尼斯公司打造的迪斯尼主题乐园属于体验业吗？美国迪尼斯乐园在世界各地的发展，属于美国文化话语权的扩张吗？为什么？

2. 思考一下，你的所在地有哪些可供开发的体验资源？如果有，假如你是当地的官员或投资商，你认为该如何开发它们？

Experience industry

体验消费需求分析

物质和生命的存在与发展

茫茫宇宙，纵然风情万种，有美丽的星云和星球，但如果没有生命，也是自娱自乐，兴趣索然。只有生命的出现，才点破万籁俱寂的苍白，让天下媚态横生，变化万千。

然而，生命是什么？意识是什么？我们至今仍然没有公认统一的定义。定义无法公认统一，说明我们尚未完全认识它、掌握它，正因为如此，才引发众人各抒己见，臆测纷纷。

为了方便说明问题，笔者先表述两个肤浅的、简陋的关于生命和意识的定义。

▌生命

定义 能够自动从外界摄取物质和能量来维持自身比较固定的独特的物质结构的物体。

解释 （1）能够自动完成上述行为的物体才属于生命，计算机病毒是依靠外界的力量才能完成自身的维持和复制，所以不属于生命。一只羊身上的单个细胞不算生命，因为它也不能自动从外界摄取物质和能量来维持自身比较固定的独特的物质结构。但是单细胞生命则是。（2）生命有比较固定的物质结构，主要是 DNA 的稳定性，但是它也有一定的不稳定性，即 DNA 信息转录时发生错误，从而产生变异。（3）相对于物质来说，生命有比较独特的物质结构，而且比普通的石头、海水等物质的结构要复杂得多，一般都有很多大分子结构。（4）定义中没有强调生命的生长现象，因为虽然大部分的生命都有生长现象，但少数低级生命没有明显的生长现象，如单细胞生命和病毒；这里也没有强调生命自动对自身比较固定的、独特的物质结构的复制，虽然绝大部分生命都有自动复制的现象，但是考虑到有些生命并不能自动繁殖，如绝大部分的骡子等，因此没有将它作为生命的必备属性。

▌ 意识

定义 生命中能够自动获取信息、分析信息并传递计算结果，以最大可能地维护该意识所拥护价值的利益的信息系统。

解释 （1）计算机程序"自动"获取信息、分析信息并传递计算结果的现象不是真正的自动，它是人们预先设定的逻辑性强的指令集合。（2）该信息系统也可能会自动获取信息、分析信息并传递计算结果，以毁灭该意识所附生命或破坏它的正常运转，这种自杀或自虐行为不影响本定义的正确性。因为一般情况下，自身的生命固然是该意识所拥护的价值之一，但不一定是该意识所拥护的最重要的价值，比如有的生命认为正义、集体利益、母爱和体面地生存等比自己的生命更重要，因此可能在无法维护全部价值的情况下将生命舍弃。

意识与体验需求

■ 概述

意识的发展历程，基本上就是意识对所拥护价值的维护能力的增强的过程。这种维护能力的增强主要取决于意识这个信息系统获取信息、分析信息和传递信息三个方面的能力。

获取信息的能力主要取决于三个因素：感受器的数量；感受器的敏感度；感受器的专业分工与合作情况。

感受器的数量：例如人要是脑后再长一只眼睛，则人获取信息的能力将大大增强。

感受器的敏感度：例如地震时猫狗先叫，是因为它们的耳朵更敏感，听觉范围更广，它们能听到由地震产生的次声波。

感受器的专业分工与合作情况：很多低级生命根本就没有专门的听觉、视觉、味觉和嗅觉等感受器或感受器官，其信息获取能力自然会大大降低。

分析信息的能力也主要取决于三个因素：分析信息细胞①的数量以及被激活

----

① 在高级生物身上一般就是神经细胞。就宽泛的定义而言，几乎任何细胞都有"分析"信息的能力，但这种"分析"在笔者看来不属于真正意义上的分析，可能只是一种复杂的物理或化学反应，所以也就谈不上是"分析信息细胞"。

的分析信息细胞的数量①；分析信息细胞的专业分工与合作情况；分析信息细胞的反应速度。

分析信息细胞的数量以及被激活的脑细胞数量：例如人的脑细胞数量比猿猴的脑细胞多，爱因斯坦的被激活的脑细胞数量比普通人的多。

分析信息细胞的专业分工与合作情况：人类的脑细胞有非常专业的分工，例如大脑、小脑和脑干分管不同的事务，大脑中的中枢神经有分别处理语言、声音、动作的中枢神经系统；而蚯蚓则没有如此专业的分工。一位刚刚开汽车的新手和一位熟练的汽车司机，两者的神经细胞之间的合作状态在开车时是不同的，后者明显优于前者；而人的神经细胞之间的合作情况也明显优于蚯蚓。

分析信息细胞的反应速度：如经过强化训练的特警队员对环境的突发变化的反应速度要优于常人；人类对外界的反应速度优于草履虫。

传递信息的能力主要取决于两个因素：是否有专门的信息传递通道；信息传递渠道的信息传递质量，包括传递速度、防信息丢失能力、通道的自我防护能力。

是否有专门的信息传递通道：低级生命靠普通的细胞进行细胞间的信息传递，而高级生命除此外，还具有专门的信息传递通道——神经网络，并且大部分信息传递工作都由这种神经网络来完成②。

信息传递渠道的信息传递质量：神经的信息传递速度和防信息丢失能力远远高于普通细胞。通过洗冷水澡等方式锻炼后的人的神经的自我防护能力会增强（抗冷、热和病毒入侵的能力），发生神经瘫痪的可能性会大大降低。

---

① 此处"激活"是指该细胞发挥了它的本能作用，发生过信息的加工活动。

② 需要注意的是，专门的信息传递通道也有它的缺点：一旦通道出现问题，则会造成信息传递上的瘫痪，这种瘫痪的影响面是很大的，尤其当主干通道出现问题时。人类的许多瘫痪病即来于此。如果是细胞间的传递，则不会出现大面积的瘫痪，因为细胞是立体形组合在一起的。因特网起源于美国国防部高级研究计划署（Advanced Research Project Agency）1969 年建立的 ARPAnet 广域网，就是因为美国国防部希望建立起网状的计算机联络，以避免某一信息通道被敌方破坏后整个国防指挥系统的瘫痪。

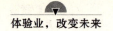

▌意识（生命）的大致发展历程

1. 无意识生命

并不是世界上全部的生命都具有意识，甚至大部分生命都不具有意识，例如细菌、植物①。但是即使没有意识的生物，对环境也具有应激（Irritability）的能力②，例如植物叶子趋光生长，根向有肥力、水分的方向生长。这种应激的能力是否同空气的扩散作用一样属于物理或化学作用，笔者保持怀疑。也许它只是一种复杂的加剧了和加速了的物理和化学变化带来的结果。例如水分和肥料加速了一条根某一种方向的细胞分裂，从而促使它发生了方向改变。

2. 具有简单信息处理的生命

能自己获取外界信息，并及时做出反应的生命属于这一类型。它们只有简单的神经细胞和感受器，反应及时但不迅速，而且不一定有效。例如草履虫能够及时探知并逃离盐度高的环境。

3. 具有专业分工的神经系统的生命

这些生命的神经细胞有了专业的分工，例如有些神经细胞专门负责听觉，有些专门负责视觉。

并且，这些生命一般具有较先进的感受器和信息传输通道。先进的感受器用来感应光、热、气味和声音等。信息的传输网络使信息不再只是由细胞之间逐个传递，而是大部分时候由专门的传输通道将信息传递到具体的细胞群（包括信息处理中心和接受指令的普通细胞群）。这些组成专门的传输通道的细胞由特殊分子构成，并且其信息传递有方向性，传递速度非常快，防信息丢失能力强。

---

① 是不是所有的植物都不具有意识尚未得到完全证实，可能有些个别的植物也具有意识，例如吃昆虫的植物。

② 北京大学生命科学学院编写组编：《生命科学导论》，高等教育出版社 2000 年版，第 15 页。

4. 能与另外一个意识顺利交流的意识生命

正像电脑由单机发展为联机一样，异性繁殖促使两个意识之间更紧密地协作与对抗①。这一变化使得意识的进化是如此显著，尤其是意识之间沟通的能力、认识和分析另外一个意识的能力、试图影响或控制另外一个意识的能力、和另外一个意识合作妥协的能力，使意识所依赖的感受器、分析系统和输出系统发生了显著的改变。意识之间沟通用的语言也开始迅速地发展。语言的使用标志着生命开始由复制生命的单一兴趣向复制生命和有价值的意识活动成果——思维②并举的转化。斯珀伯认为，性的需求在语言的起源和发展上占有极重要的地位，动物在进化上最早的声音即为召唤异性伴侣的工具。③ 笔者认为"异性繁殖、母亲抚育后代和社群生活"是促使交流工具——语言等迅速发展的三大原因。

同时，笔者认为，意识之间的协作是主要的，对抗是次要的。

5. 能将意识活动用物质的形式记录和保存下来并为另外的意识所认识的阶段

意识发展到这一阶段，这些生命发明了一些方法将自己的一些意识活动用物质的形式记录和保存下来并为另外的意识所认识。它的意义是使意识与意识之间的交流能在更大的时空内自由实现（此前的交流往往受生命的存活时限、声音的传播范围和人的听视觉范围等因素限制），并且这种交流极大地促进了知识的传承。

这一阶段有了明显的分区：

---

① 笔者对以下观点深表赞赏（它也许和笔者的理论有一定的关联）：

"显然，有性繁殖方式有力地推动了多细胞生物的进化……多态的有性生殖模式、第二性征的分化、复杂的求偶育幼行为建立、生物个体间感情建立和传递，更深远地说，社会性动物的出现和生物的许多'美学'现象都源于此。"

北京大学生命科学学院编写组编：《生命科学导论》，高等教育出版社 2000 年版，第 413 页。

② 对思维的复制包括书籍印刷、资料复印、电子资料复制、照片冲洗、抄写资料等物质形式上的复制以及意识上的复制，即意识通过自己的判断接受某种思维。

③ ［奥］弗洛伊德著，高觉敷译：《精神分析引论》，商务印书馆 1984 年版，第 126 页。弗洛伊德看起来也赞成此说。

（1）发明了象征性的物质形式，例如狗用来标志路径撒的尿。

（2）发明了交流用的抽象的符号，例如象形的图画和符号等。

（3）发明了系统的专业的符号——文字，例如甲骨文和古希伯来文。

（4）发明了承载文字的高级专业工具——纸，原来的文字是由竹简、羊皮等低级工具来承载的。

（5）发明了信息检索的方法和工具，例如图书馆的信息检索体系，网络信息检索工具——搜索引擎。

（6）发明了电脑，其主要意义是它能独立高速地执行一小段模拟化的意识活动过程，并输送运算结果。

这一阶段使得不同的意识之间的协作与对抗进一步深化。这种对抗与协作可能发生在不同时代、不同地点的意识之间。但协作是主要的，对抗是次要的。

▋ 体验需求是意识试图增强控制世界的能力之表现

1. 体验需求的先天性和后天性

生命中高级动物的体验需求具有先天性，主要体现在下面几个方面。

（1）先进的专业分工的感应器有捕捉和获取信息的原始动力和本能。这里边四光提到的观点"五官需要新的刺激"是有一定道理的。但是，当人睡觉时为什么就停止了大部分的信息获取呢？为什么人思考时会对一些事物视而不见呢？因此，这种先天性不仅仅与感应器有关，还与意识的信息存储、分析中心有关。

（2）发达的信息处理中心系统有获取、存储、分析外界信息的原始动力和本能。发达的信息系统有先天发达的各有所长的神经细胞，这些细胞从生命开始就有生长的原始动力和本能，而生长需要通过对信息的获取、存储和分析来激活，细胞被激活得越多，就越有动力进一步期待激活更多的细胞。因此，勤用脑的人的神经细胞要发达一些，那些狼孩的大脑则处于发育缓慢甚至停滞的状态中。而那些信息系统不发达的生命则缺乏这种先天的动力。

（3）先天存在的发展需求①和控制欲望使其对世界有天然的好奇心。

正因为如此，所以亚里士多德也说"求知是人类的本性"，而体验是广义求知中的一种。②

但是，正如其他智力性事物一样，先天性并不是决定体验需求的唯一因素，后天性因素更为重要。后天性的影响主要体现在以下几个方面。

（1）后天的意识活动能良性地促进意识系统的开发，从而影响意识对外界的敏感度和关心度，进而影响体验需求的大小。像对外界不敏感、不关心的动物，如乌龟，其意识活动是不活跃的；而意识活动不活跃，会反过来促进其对外界的不敏感、不关心，使其缺乏好奇心，也缺少体验需求。

图 5.1 是"改装版"苏格拉底的"知识圆理论"③。

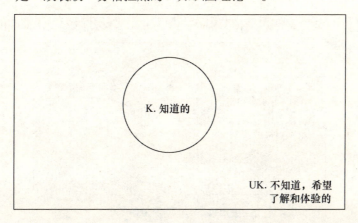

图 5.1 知道得越多，越觉得更多的不知道，会对更多的事物有了解体验的兴趣

这里需要注意的是，上述理论仅仅考虑了知识容量/信息容量，没有考虑知识结构/信息结构。一个生命所拥有的信息容量的大小对体验需求的影响固然很

---

① 在后面的第三节中笔者将会详细阐述高级生命的发展需求。

② ［古希腊］亚里士多德著，吴寿彭译：《形而上学》，商务印书馆 1959 年版，第 1 页。

③ 据说原始理论是这样提出来的：一天，苏格拉底的弟子问他，他学识那么渊博，是不是没什么能难倒他。苏格拉底在地上画了个圆圈，说："圆圈里面是你知道的东西，外面是未知的。当你知道越多，圆圈越大，你就会发现，你不知道的也越来越多，于是只有更加虚心地探索。"该理论概括成了一句名言："知道得越多，才知，知道得越少。"

大，但是还要结合考虑其知识结构/信息结构的影响。信息结构/知识结构丰富的人，能接触到更多的不同类型的事物，见识更加广博。而仅仅是信息容量大的人，可能所拥有的很多信息是雷同的，对体验需求的影响并不明显。

举例说明，年龄 50 岁、只具有初中学历、在农村四处贩卖杂货的商人赵先生，他所掌握的信息容量远远比在闭塞的家乡务农的同班同学李先生大得多，因此赵先生的体验需求也比李先生大。赵先生的儿子小赵只有 24 岁，但是已经大学毕业一年，那么赵先生的体验需求可能远远小于他的儿子。当赵先生来到儿子就业的城市，在游乐园里玩耍，体验立体电影、过山车等事物时，赵先生处处显得小心翼翼、拘谨，生怕惹出笑话来，而他儿子则兴致勃勃地给父亲及时的提醒和指导。

添加上信息结构/知识结构的因素，图 5.2 则可以升级为一张立体的图。

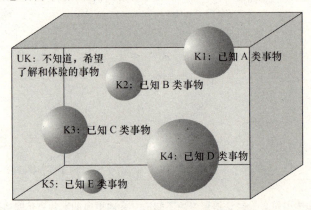

图 5.2　立体图

（2）语言能力、文字能力和社群生活是激发体验需求的重要条件。这三种因素是帮助人们从同类成员那里获取信息的重要条件，它能迅速地丰富人的信息量而促进意识自身的发达。当然，这些因素必须要有下列条件的辅助。

● 个体乐于与外界交流，没有自闭症倾向等阻碍交流的现象；

● 个体喜欢阅读并能顺利得到好的信息资源，包括书籍、影视、电子资料等；

- 生活的社群与外界有一定交互性；

- 社群有研究探索世界的行为及成果。

先天性和后天性因素相互结合，影响着体验需求。

2. 与世界和谐相处的前提是认识世界

只有认识世界，了解世界的规律，才能有机会与世界和谐相处，并对世界加以合理的控制或影响。也许正因为认识如此重要，所以李德顺才将认识需求列为人的三大精神需求之一①。

3. 体验需求是意识需要认识世界的表现

意识认识世界的途径主要有以下几种。

（1）体验（自愿，安全的），例如体验模拟的地震；

（2）对理论的系统学习（可能脱离实际，但是是人类认识世界的主要的、便捷的途径，一般是自愿的、安全的），例如学习历史知识、物理知识；

（3）科学试验（自愿，高度计划性，不一定安全，不适合普通大众），例如向火星发射观察卫星，探测火星的情况，宇航员到太空中去执行试验任务；

（4）其他社会实践（不一定自愿，不一定安全），例如真的遭遇地震、感冒、吃药。

因此，从上述分析中可以看出体验是意识认识世界的重要途径之一。对于具体的个人来说，一般情况下，上述途径的重要性从大到小依次为（4）–（2）–（1）–（3），也是普通大众认识世界的一个安全的、一般不脱离实际的、较好的途径之一。体验需求是意识希望更好地认识世界的表现。

4. 体验需求是意识试图增强控制或影响世界的能力之表现

马克思主义认识论认为，认识世界的需求来源于实践的需要，是"实践的需要推动了人类认识的产生"，人们进行认识世界的活动是"为了适应实践的需

---

① 原文是"一般说来，人的精神需要有认识需求、情感需要、意志需要等三大类"。参见李德顺：《新价值论》，云南人民出版社2004年版，第102页。

要，为了解决实践提出的问题和任务".① 确实如此，绝大部分情况下，人们是有意的，或潜意识中带有有助于实践的目的，来开展认识世界的行为的。那种仅仅为认识而认识，不带任何功利性目的的情况也许偶尔存在，但是非常非常少。

因此，体验需求是意识希望更好地认识世界的表现。归根到底，体验需求是意识试图增强控制或影响世界的能力之表现，是希望与世界更加和谐共处的表现。

马斯洛也做出过类似的结论，他认为"获取知识，使宇宙系统化在某种程度上是在世界上获得基本安全的方法，或者对于智者来说，是自我实现的表达方法".②

5. 意识强大与否影响体验需求

不同的人有不同的性格，不同的人也有不同的自信心、自尊心、自强之心，不同的人有不同的理想，因此每个人的意识的强大程度是不一样的。有意识非常强大、独立、坚韧的人，也有意识比较弱小、盲信、软弱的人。

那种试图增强控制或影响世界的能力的愿望强烈的人，其体验需求就比一般人强烈，而且他可能会更加钟情于学习型体验项目或丰富阅历型体验项目。

---

① 赵家祥、聂锦芳、张立波：《马克思主义哲学教程》，北京大学出版社 2003 年版，第 245～246 页。

② ［美］A. H. 马斯洛著，许金声、程朝翔译：《动机与人格》，华夏出版社 1987 年版，第 55 页。

心理调节与体验需求

　　每一个人要健康地生存，不仅要有健康的身体，也要有健康的心理。及时有效地进行心理调节，使自己保持动态的心理平衡是非常重要的，因此，有此意识的人必然有心理调节的需求。心理调节的途径和方法有很多，例如娱乐、旅游、体验、学习（看书），哭泣、哭诉、聊天，自我安慰、自我鼓励等积极的自我暗示、自我调节和反省。

　　心理调节最终追求的比较满意的结果是心理压力的合理适度的释放，从而达到心态的平和和心情的轻松愉悦；其次是对生活与人生的激情重新被激活和积蓄，梦想重新开始或继续。

　　因此，心理调节的需求刺激了体验需求，人们需要通过体验活动等形式来释放压力和恢复激情。

　　在体验的三种类型中，学习型体验和丰富阅历型体验的体验需求原动力更多地来自前文阐述的"意识试图增强对世界控制的能力"，而娱乐型体验的体验需求原动力则更多地来自于心理调节的需求。

▌ 体验需求与心理压力之释放

　　心理压力之释放通常有两种形式：向外部发泄和内部自行消解。

　　要实现心理压力在个人内部的自行消解，往往要通过自我安慰、自我鼓励等积极的自我暗示、自我调节和反省来实现，这需要很高的技巧和智慧，一般人是很难办到的。首先，这需要个人对心理学有基本的了解，能根据心理学理论对自己的心理状况进行正确的分析诊断；熟悉各种心理调节方法和治疗方法，为自己设计合适的调节方案或治疗方案；能正确评估自己的调节或治疗效果，并决定是否需要寻求外部援助，如果发现需要外部援助能够立即寻求而不会讳疾忌医。

向外部发泄，则更多的是本能地外泄。其中一种是通过向他人抱怨、倾诉和交谈等，达到释放心理压力的效果；另一种是通过向外界的物体发泄、自己的发泄行为、寻求其他的快乐等来释放压力，例如打砸家具、打动物，进行跑步、拳击练习等运动，获得体验、旅游等其他快乐。

大部分人是一般的普通群众，因此其大部分压力的释放是通过外部发泄来实现，小部分则是通过自我的内部消解；小部分高层次的人，主要是通过内部消解来实现压力的释放，但是也会借助于文雅合适的外部途径来释放压力，例如运动、旅游、体验等。

无论是一般人还是高层次的人，只要有心理压力释放的内在需求，那么他遇见有趣、合适的体验服务时（主要是娱乐型体验），都会很自然地产生体验需求。

首先，有趣且需要全身心投入的体验活动能有效地转移体验者的注意力，将体验者从焦虑、烦闷的思维围墙中牵引出来，暂时降低其对棘手事件的关注。无论是去陶瓷吧体验制作陶瓷，还是去体验陌生的乡村生活（挖挖土，锄锄草，采摘果子等等），或者去体验演艺，均非常有趣，而且需要消费者手、眼、耳、脑等全部专注地投入，否则很容易出差错或发生危险，因此其转移压力的效果比一般的散心活动，诸如看电影、散步、到风景胜地休假等更佳。

其次，由有趣的体验活动中产生出来的乐趣、开阔视野的愉悦和成就感能感染消费者的整个心境，从而推动消费者对那些过去的棘手事件产生更为乐观的估计和看法，并开始将主要精力集中到寻找问题的解决方法上，而不是问题本身。

▌体验需求与生活激情之恢复

绝大部分人均渴望过一种充满激情的生活，至少生活中充满激情的点缀。只有那些圣贤一样的人物才会虽然珍惜生活中的美好，但是又将一切看得很平淡而坦然。他们其实也有激情，只是他们将激情控制得很好，使其能够平缓地输出。

当人们发现生活过得平淡无味、疲惫、压抑，甚至有些厌倦时，人们就需要恢复往日的激情。即使人们已经对生活完全丧失了激情，但是在人们没有决心自我否定性地自杀之前，均有希望重新恢复对生活激情的渴望。

心理压力之释放本身就是直接有利于生活激情的恢复的，一个人的压力释放掉了，心情轻松了，看事物更加乐观了，生活的激情自然就恢复了。所以这两点是紧密联系的。但是体验需求和生活激情的恢复还有更广泛的联系。

人们渴望体验新的事物、新的生活方式、新的知识、新的逻辑，以此来刺激自己的世界，充实自己的世界。正如网民们希望下载更多的精彩电影、音乐、图片、电子书等来填充自己电脑闲置的硬盘空间一样。这实质上在一定程度上是对自己原有世界的一种否定，有时这种否定还很强烈。例如人们以体验其他民族新奇的饮食来摆脱自己厌倦的日常饮食，以体验新奇的服饰来让自己更加美丽迷人，以体验新奇的生活方式来学习一种新的生活方式、生活态度，改造自己的生活方式，比如体验农村生活、军人生活、太空生活等。

所以，正如法国社会学家乔弗里·杜马泽迪尔（Joffre Dumazedier）在《走向休闲的社会》一书中评价的，旅游是一种使人们暂时逃避到"第二现实"（secondary reality）中的游戏一样，体验需求有时就是希望远离原来的世界，摧毁自己的旧世界，去尝试进入新的世界。

因此，人们对新事物往往寄予梦想。人们相信，只有新事物的出现才会带来命运转折的机会。人们去追求新事物时已经做好了抛弃旧事物的准备。

在此时，体验需求就已经突破了娱乐型体验的拘囿。可以说，人们喜新不厌旧时，尚停留在娱乐型体验的范围内；此时人们喜新且厌旧时，已经突破了娱乐型体验的范围，进入了学习型体验或丰富阅历型体验的范围。因为人们体验的动机不仅仅是娱乐，还有寻求革新和转变的动机。

延伸阅读

潜水体验是为了彻底放松

今年夏天，如果你还在三亚的海边扑腾，那么绝对被称"过时"，因为如今最时尚的玩法是到东南亚诸国愉快潜游。日前，记者走访发现，带上全副装备，到东南亚各海岛潜水成为今夏最流行的玩法。业内人士表示，随着旅游行为的日益普遍，以潜水为代表的体验性更强，更随性的个性游将会表现得更明显。

1. 年轻人恋上潜水

日前，记者登录数个旅游网站发现，潜游已经成为各大论坛当下最为热门的话题。记者在采访中发现，不少旅游爱好者都表示很向往或爱上了潜水，他们中多为25～35岁的年轻人。

2. 追求彻底放松是主因

"海底王国慢慢向你开启，在这个无声的奇妙世界里，人的感觉焕然一新。更重要的是，身体所承受的物理压力越来越大时，精神上的压力达到最小值甚至归零，在大海深处诞生的是一种彻底的自由和放松。"这是潜水爱好者余儿博客上的一段文字。记者在采访中发现，旅游爱好者们恋上潜水，最主要是因为他们能在海底世界中抛开世事，获得最彻底的放松。这些潜水爱好者在平时承担的多是重压工作，如企业的中高层、媒体人员、私人老板等。对此，成都理工大学旅游专家朱创业表示，现代社会的竞争激烈，让社会的中流砥柱们承受着巨大的压力，他们强烈需要通过适当的渠道放松自己，从而忘记现实中的烦恼。

体验需求属于人的高级需求

▌马斯洛①的学说

马斯洛在《人类动机理论》(A Theory of Human Motivation Psychological Review) 一书中首次提出了需求层次论。他认为，人类的需要是分层次的，由高到低。它们是：自我实现的需要 (self-actualization need)、尊重的需要 (esteem need)、归属与爱需要 (belongingness and love need)、安全的需要 (safety need)、生理的需要 (physiological need)。

生理上的需要是人们最原始、最基本的需要，为了生存和种族延续所必需的需求，如吃饭、喝水、睡眠等。也就是说，它是最强烈的、不可避免的、最底层的需要，也是推动人们行动的强大动力，在所有需要中占绝对优势。

安全的需要要求劳动安全、职业安全、生活稳定、希望免于灾难、希望未来有保障等，对体制、秩序、法律、界限的需要，不会受到野兽、严寒酷暑、强奸、谋杀、动乱、暴政等威胁。具体表现在：（1）物质上的：如操作安全、劳动保护和保健待遇等；（2）经济上的：如一般都愿意找有保障的，可以终身

---

① 马斯洛（A. H. Maslow, 1908－1970），美国心理学家，早期从事动物社会心理学的研究，后来转入人类的社会心理学研究。1943 年出版了《人类动机理论》，1954 年出版了《动机与人格》，1962 年出版了《存在心理学导言》一书。

任职的工作，渴望有一个银行户头和各种类型的保险等；（3）心理上的：如偏爱熟悉的事物，而不是不熟悉的事物。安全需要比生理需要较高一级，每一个在现实中生活的人，都会产生安全感的欲望、自由的欲望、防御的实力的欲望。

归属与爱的需要，是指在团体和家庭中有一个位置，并愿意为达到这个目标而努力；个人渴望得到朋友、家庭、团体的关怀、爱护和理解，是对友情、亲情、爱情的需要。它包括：（1）社交欲：希望和同事、同学、老乡等保持友谊与忠诚的伙伴关系，希望得到互爱等；（2）归属感：希望有所归属，成为团体的一员，在个人有困难时能互相帮助，希望有熟识的友人能倾吐心里话。其不单是指两性间的爱，它是广义的，体现在互相信任、深深理解和相互给予上，包括给予和接受爱。社交的需要和安全需要更细微、更难捉摸。

尊重的需要可分为自尊、他尊和权力欲三类，包括自我尊重、自我评价以及尊重别人。与自尊有关的，如自尊心、自信心，对独立、成就的需要等。尊重的需要也可以如此划分：（1）渴望实力、成就、适应性和面向世界的自信心，以及渴望独立与自由；（2）渴望名誉、声望和威信。

自我实现的需要是最高等级的需要。满足这种需要就要求完成与自己能力相称的工作，最充分地发挥自己的潜在能力，成为所期望的人物。这是一种创造的需要。有自我实现需要的人，似乎在竭尽所能使自己趋于完美。自我实现意味着充分地、活跃地、忘我地、集中全力地、全神贯注地体验生活。成就感与成长欲不同，成就感追求一定的理想，往往令人废寝忘食地工作，把工作当成是一种创作活动，希望为人们解决重大课题，从而完全实现自己的抱负。

在马斯洛看来，人类价值体系存在两类不同的需要，一类是沿生物谱系上升方向逐渐变弱的本能或冲动，称为低级需要和生理需要；一类是随生物进化而逐渐显现的潜能或需要，称为高级需要。

每个人都潜藏着这五种不同层次的需要，但在不同的时期表现出来的各种需要的迫切程度是不同的。人的最迫切的需要才是激励人行动的主要原因和动力。人的需要是从外部得来的满足逐渐向内在得到的满足进行转化。

在高层次的需要充分出现之前，低层次的需要必须得到适当的满足。低层次的需要基本得到满足以后，它的激励作用就会降低，其优势地位将不再保持下去，高层次的需要会取代它成为推动行为的主要原因。有的需要一经满足，便不能成为激发人们行为的起因，于是就会被其他需要取而代之。

这五种需要不可能完全满足，愈到上层，满足的百分比愈少。

任何一种需要并不因为下一个高层次需要的发展而告消失，各层次的需要相互依赖与重叠，高层次的需要发展后，低层次的需要仍然存在，只是对行为影响的比重减轻了而已。

高层次的需要比低层次的需要具有更大的价值。人的最高需要即自我实现，就是以最有效和最完整的方式表现他自己的潜力，唯此才能使人得到高峰体验。

人的五种基本需要在一般人身上往往是无意识的。对于个体来说，无意识的动机比有意识的动机更重要。有丰富经验的人，通过适当的技巧，可以把无意识的需要转变为有意识的需要。

马斯洛还认为：人在自我实现的创造性过程中，会产生出一种所谓的"高峰体验"的情感，这个时候是人所处于的最激荡人心的时刻，是人的存在的最高、最完美、最和谐的状态，这时的人具有一种欣喜若狂、如醉如痴、销魂的感觉。

试验证明，当人待在漂亮的房间里面，就显得比在简陋的房间里更富有生气、更活泼、更健康；一个善良、真诚、美好的人比其他人更能体会到存在于外界中的真善美。当人们在外界发现了最高价值时，就可能同时在自己的内心中产生或加强这种价值。总之，较好的人和处于较好环境的人更容易产生高峰体验。

上述理论的构成建立在三个基本假设之上：

假设一：人要生存，他的需求能够影响他的行为。只有未满足的需求能够影响行为，满足了的需求不能充当激励工具。

假设二：人的需求按重要性和层次性排成一定的次序，从基本的（如食物和住房）到复杂的（如自我实现）。

假设三：当人的某一级的需求得到了最低限度的满足后，才会追求高一级的需求，如此逐级上升，成为推动继续努力的内在动力。

马斯洛认为绝大部分人只能在爱和归属的需要与自尊需要之间的某一层次上度过一生，估计只有百分之一的人方可成为自我实现的幸运儿。

马斯洛还认为，存在一些满足基本需求的先决条件，例如认识能力（感性和理性学习）。这个观点用来解释人们的好奇心，对于知识、真理和智慧的追求以及对解释宇宙之谜的一成不变的欲望。

▌张远山的理论

张远山[①]在《〈告别五千年〉的五身段说》一文中提出"五身段说"（也叫五大需求说）[②]，他认为人有五大基本欲望（需求），从高到低依次是：求知欲第五（头脑）、权力欲第四（胸膛）、美食欲第三（腹部）、情爱欲第二（胯部）、生存欲第一（膝部）。

他的排序的主要依据是民族性和时代性。张远山认为，如果撇开民族性和时代性，从人性的普遍性出发，人的五大基本需求即为"五蠹"说：食（腹部）、色（胯部）、利（膝部）、权（胸膛）、名（头脑）。这一排序以腰线为轴心或坐标原点（0），先从腰线向下，依次满足三项较低级的基本需求：食（生存欲，－1）、色（情爱欲，－2）、利（安全欲，－3）；再从腰线向上，依次满足两项较高级的基本需要：权（权力欲，＋1）、名（求知欲，＋2）。

张远山认为，当生理需求在较低层次上得到满足后，必须进而追求其他更

---

① 张远山，中国当代作家。1963年生于上海，1980年考入华东师范大学中文系，毕业后任教多年，1995年离职成为自由撰稿人。已出版哲学专著、思想随笔、文学评论、诗集多部，海内外各种版本二十余种。

② 张远山在该文中特别声明：将该学说"称为'五身段说'，并非不负责任的文学想象，而是坚实缜密的哲学思考。若非如此，我宁愿放弃形象化的表达，使用抽象枯燥的概念。因为对哲学来说，准确表达是第一要义，形象化可求则求，不可求则不应强求"。

高级的基本需求和基本自由；在同一层次上满足基本需求的一个循环前，不能像停摆的自鸣钟一样指针永远向下，因为沉溺于低级需求而不追求高级需求的人叫做"低级趣味"，而更注重高级需求的人即便同样满足了低级需求，却不叫做"低级趣味"。一架运转良好的自鸣钟，其指针必然有一半时间是位于腰部以上的。

▍李德顺的理论

李德顺在 2004 年出版的《新价值论》一书中提出了他的需求理论。他认为，"人的需要分为物质和精神两大类，每一类又分为现实的需要和发展的需要两方面。它们之间的关系，是不断相互促进、相互转化的，促使人的需要和能力都不断提高"，如图 5.3。

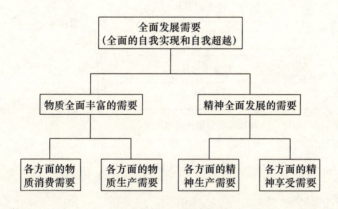

图 5.3　李德顺理论

所谓"现实的需要"和"发展的需要"，李德顺表述为"占有、消费、享受的需要"和"创造、生产、发展的需要"。发展的需要是在享受的需要感到不满足时产生的，不满足激发了改造和生产的念头和欲望，"不满足就要追求，就要创新，就要不断提供新的精神产品，也就是要生产"。他强调了人的各种消费需要和生产需要的关系，"人的需要的发展，主要趋势是从片面、分散走向全面、统一，人的最高需要是人的全面发展的需要。从这一点上，可以看出人的

各种需要之间的联系和它们的共同方向"。

▍笔者的三大需求理论

1. 三大需求的含义和内容

笔者将生命①的正常需求分为三大类：生存需求、复制需求和发展需求。这三大需求属于第一层次需求。如图5.4。

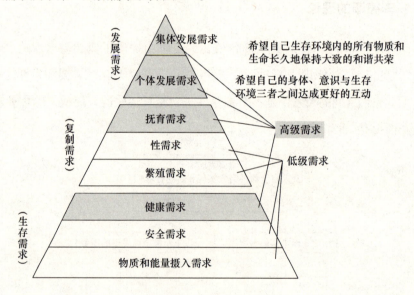

图5.4 三大需求理论图

（1）生存需求。

为了维持该生命的正常存在的需求。该需求又分为三个小需求：物质与能量摄入需求、安全需求和健康需求，这三种需求又属于第二层次需求（相对于第一层次需求来说的）。这里解释一下，安全需求指该生命防止自身遭到即时性的损毁的需求，而健康需求则是指该生命防止自身遭到长期性的、在短时间内

---

① 言下之意，这个需求理论不仅仅适用于人类，也适用于其他生命，但更多的适用于动物，而非植物或微生物。

不显著的损毁的需求。"损毁"包括损坏或毁灭。

其中，健康需求属于该层次需求中的高级需求，只有能够对有关健康的信息进行分析的高等动物才有。

这里的"高级需求"是指意识性的需求，即和意识密切相关且依赖于高级意识的需求，但仍然具有物质性；相对的，"低级需求"是指物质性需求，即和物质密切相关的需求，不依赖高级意识而存在和发生，但仍然具有意识性。

（2）复制需求。

为了复制某种生命的需求，包括繁殖需求、性需求和抚育需求，这三种需求又属于第二层次需求。抚育需求指生物希望抚育自己或其他动物的后代幼体，使之顺利长大成为成熟个体的需求。这种抚育需求表现出很多形式，例如：父母抚育自己的孩子，一位女子自愿抚育一个失去双亲的孤儿（同种但不是自己的后代），一头母狗为失去妈妈的小猫喂奶（异种的后代）。

其中，只有异性繁殖的生物才有性需求。性需求起源于繁殖需求，且本质服务于繁殖需求，但是它高于繁殖需求。性需求大于繁殖需求的理由主要有以下几点：首先，性需求导致了该种动物语言的产生或语言的迅速发展，以及生命间交流的迅速拓展。其次，性需求导致这些异性繁殖生命需要做出搜索、选择、配合、抵抗交配对象等行为，因此其神经系统更加发达。再次，性需求后来越来越复合了其他需求或功能，例如性需求隐含了平衡性激素分泌需求、释放压力的需求、追求快感的需求。

只有非常高级的动物才有抚育需求，抚育需求属于该层次中的高级需求。生命复制后代是从被动进化到主动、无意识到有意识的。例如，病毒、植物和草履虫等低级动物的繁殖，并非主动有意识地进行复制后代的，是被动不自觉地完成的。许多动物，如乌龟，虽然不抚育后代，但是它们做出了在安全的地方产卵、选择合适的繁衍季节等行为，表明它们是主动和有意识地在复制后代。而到了具有抚育需求的动物这个阶段，主动和有意识地复制后代的特征更为明显。最开始的时候，动物是只抚养自己生殖的后代的，后来有的动物不仅愿意抚育自己繁殖的后代，还愿意抚育其他同类繁殖的后代，乃至另一种类的动物繁殖的后代。这种情况的出现可能和意识中的"爱"有关，也可能还和某种影响意识的液质/激素有关。①

抚育需求直接导致了这些高级动物进入母系集体生活，即母亲和后代生活一段时间至后代能独立生存后再分开，而人类或蜜蜂则更进一步进入了母系社会，保持终生的密切联系。

到了人类（也许还有其他的动物），则复制需求里还产生了优生优育的需求，但是其又和后面的个体发展需求和集体发展需求是部分重合的。限于本书的主题，不再展开阐述。

（3）发展需求。

希望自己以及生存环境进一步发展的需求，它包括个体发展需求和集体发展需求。这两种需求属于第二层次需求，且均属于该层次中的高级需求。

①个体发展需求。希望自己的身体和意识发展得更好，以及身体、意识与生存环境三者之间达成更好的互动，按照排列组合可以分为三大方面：身体与意识、身体与生存环境、意识与生存环境。

第一，希望身体与意识之间良好互动。例如，一位马上要参加重要考试的学生试图用数数的方式使自己的心跳减缓；一位肠溃疡患者试图通过阅读相关医学资料来改变自己的传统意识，以形成新的饮食观念来配合治疗；一位癌症患者试图通过全国徒步旅游的方式增强自信心，并将这种自信心传递给自己的每一个细胞。自信是意识对生命（主要是自身的身体和意识）本身的价值和存在的自我肯定、自我激励，并寄予进一步开发的希望；自尊则是对这些价值的

---

① 意识中的"爱"本身有"肯定另外一种生命的价值，尊重其合理存在及发展，并愿意提供力所能及的帮助"之含义，因而其愿意为那些可爱的幼小生命提供抚育的帮助；而某种影响意识的液质/激素则是指这种液质/激素可能让动物更加富有母性或爱心，因此我们能观察到雌性动物尤其是处于哺乳期的雌性动物更加具有这种母性和爱心。这种理论纯属于笔者的猜想，且和本书关系不大，因此就不再展开。

珍惜。每个人都有自尊与自信的潜在需求，这些需求有时通过自己即可以满足，尤其是比较成熟的人，有时则需要他人的帮助，通过他人对自己的肯定来帮助自己建立起自信和自尊。

第二，希望身体与生存环境之间良好互动。例如，一个女子试图通过减肥锻炼获得大家更多的喜爱；一位高中毕业的男性学生回到农村后试图变得更强壮以适应繁重的农业劳动；兔子希望跑得更快以逃避狼的追捕。

第三，希望意识与生存环境之间良好互动。例如，小孩子试图对世界了解更多，因此不停地问家长问题，努力学习，并对体验活动表现出极大的兴趣；科学家不停地探索，试图获得关于这个世界的更新、更真实、更全面的信息，来指导自己和他人的行为。在环境中能顺利生存，成功地克服困难与挫折，以及来自他人的肯定与尊重，是身体与生存环境良好互动的有力证明，也是帮助个体加强自信与自尊的重要材料。这就是马斯洛理论中的"获得他人尊重的需求"。

②集体发展需求。希望自己生存的环境内的所有物质和生命长久地保持大致的和谐共荣，按照排列组合可以分为三大方面：物质与物质、生命与生命、物质与生命。这个生存环境有大有小，要看需求者考虑的究竟是在哪个范围内。例如，小孩子希望父母不要吵架了，一家人和和美美地过日子；环保人士希望美国接受《京都议定书》，以保护地球的正常气候。和谐共荣是大致的，而不是完美的；是长久的，而不是短期的。"和谐"的定义与逻辑性有关，与理性有关，与各事物本身应有的价值共同构成的价值体系有关。

集体发展需求可以说是一种"大爱"和"博爱"。"爱"在这里的定义是"肯定某事物的价值，尊重该事物的合理存在及发展，并愿意提供力所能及的帮助"。

2. 各种需求的关系以及运行规律

（1）级别关系以及运行规律。

在第一层次需求中，生存需求、复制需求和发展需求三大需求依次越来越高级，在需求图中用从下至上的排列方式表示。同样，在各大需求下面的第二层次需求也依次越来越高级，也按此规则从下至上排列。注意，第二层次需求必须在同一第一层次需求的范围内比较才能得出如此的结果。例如健康需求相对于安全需求来说是高一级需求，但是相对于繁殖需求来说则并非属于低一级的需求。

"越来越高级"一方面的意思是指这些需求与越来越高级的动物相对应，低级动物可能根本就没有那些比较高级的需求，只有那些较高级的动物才具有较高级的需求。例如，单细胞动物根本不存在发展需求，同性繁殖的动物根本不存在性需求。从另一方面来说，这些需求"越来越高级"也是越来越与意识有关，并越来越受意识的影响。此外，这些需求也越来越与其他个体和集体有关，不再仅仅是自私的需求，例如抚育需求和集体发展需求。这里所说的高一级需求与低一级需求是相对的，例如安全需求相对于物质与能量摄入需求是高一级需求，但是相对于健康需求则属于低一级需求。

总的来说，高级与低级这一级别属性反映了生命和意识的进化过程，或者说生命和意识的进化过程影响了需求的发展历程。

（2）价值位阶关系以及运行规律。

图 5.4 是根据各种需求的价值位阶的不同进行的排列，凡是排在上位的称"上位需求"，排在下位的称"下位需求"。这里所说的上位需求与下位需求是相对的，例如安全需求相对于物质与能量摄入需求是上位需求，但是相对于健康需求则属于下位需求。和级别关系不同的是，价值位阶关系在第一层次需求和第二层次需求里全部是统一的。例如健康需求相对于安全需求来说是高一级需求，但是相对于繁殖需求来说则并非属于低一级的需求；但是健康需求相对于安全需求来说是上位需求，且相对于繁殖需求来说是下位需求。

上位需求与下位需求关系的一般规律是：当上位需求与下位需求发生激烈矛盾时，该生命的意识以及对行为的控制属于正常状态，且该生命个体考虑的仅仅是个体自己的利益的时候，该生命一般愿意先满足下位需求，再尽量满足上位需求；当该生命个体考虑的是整体利益或其拥护的价值利益时，可能会愿意先满足上位需求，再满足下位需求。

3. 体验需求属于人的高级需求

从上述阐述中可以得出结论，体验需求属于人们的高级需求，具体位阶是属于个人发展需求，主要是希望自己的身体和意识发展得更好，以及身体、意识与生存环境三者之间达成更好的互动。

影响体验需求的因素

从微观角度讲，影响消费者体验需求的因素主要有消费者的经济实力，体验服务的价格水平，消费者的年龄、性格、心情、知识实力和体验服务提供的内容的质量等。从宏观角度分析，政府/国家在经济发展水平、贫富差距、政治经济法律等制度、对体验业的态度和作为等方面影响整个国家的消费者体验需求的总量。下面我们将进行详细分析。

▌影响体验需求的微观因素

1. 经济实力

消费者的经济实力是影响体验需求的一个非常重要的因素，两者是正相关的关系（如图5.5）。因为体验需求是高级需求，所以如果经济实力太低，则体验需求会被其他低级需求所压抑而无法满足。例如，我国西部落后地区就很难发展科技体验，因为科技体验业的消费水平相对比较高。非洲那些不发达国家如果发展体验业，应当高度重视来自外地的消费群。

函数关系式：$N = f(M)$，其中 N 是需求（Need），f 是函数关系，M 是个人、家庭或国家等的经济实力（Money）。

当经济实力是比较弱的 M_1 时，需求是 N_1，比较小；当经济实力达到比较强的 M_2 时，需求是 N_2，比较大。

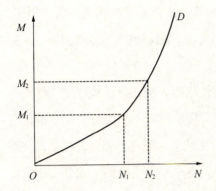
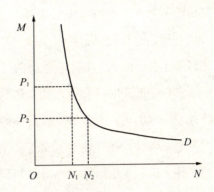

图 5.5 体验需求和经济实力的关系曲线图　　图 5.6 体验需求和价格水平的关系曲线图

2. 价格水平

同经济实力一样，体验服务的价格水平也是影响体验需求的一个非常重要的因素，两者是反相关的关系（如图 5.6）。因为体验需求是高级需求，所以在经济实力不变的情况下，如果体验服务的价格水平降低的话，则体验需求会受刺激而大大增加。相反，如果价格水平太高的话，很多人会放弃这种需求。

因此，体验企业要致力于提高效率，降低服务成本，这是吸引顾客、提高竞争优势的重要手段；尤其在经济衰退期，这种注意更加需要强调。

体验项目中有一些的成本很低，其价格水平是比较低廉的，所以比较落后的地区在发展体验业时，应优先发展那些价格水平比较低廉的体验项目，例如饮食体验项目（提供体验其他地方的特色饮食的服务）、服饰体验项目（提供体验其他地方的特色服饰的服务）。

函数关系式：$N = f(P)$，其中 N 是需求（Need），f 是函数关系，P 是体验服务/产品的价格水平（Price）。

当价格是比较高的 P_1 时，需求是 N_1，比较小；当价格降至比较低的 P_2 时，需求是 N_2，比较大。

3. 性格

拥有比较活泼开朗，乐于接受新事物，喜欢挑战、探索与冒险的性格的人，其体验需求大，也可以说容易被激活，他们通过体验来发泄精力，满足激情，开阔视野，提升自己；而对于那种比较孤僻冷漠、胆小怕事、循规蹈矩、对周围环境不关心的人，则比较难激活其体验需求。

在一个健康的社会中，拥有这两种极端性格的人应该是比较少的，怀有正常体验需求的人居大多数，因此一般情况下，投资商并不必为体验需求的缺乏而发愁。但是，在比较专制的国家/社会中，可能会出现一小部分人极其嚣张跋扈，绝大部分人生活得小心翼翼和循规蹈矩，整个社会的性格平均分布不太正常的情况，对此投资商则需要更加谨慎。

4. 心情

即使一个活泼开朗，乐于接受新事物，喜欢挑战、探索与冒险的人，也有心情不好的时候，当一个人心情处于郁闷、伤心、愤怒和紧张等不愉快的状态中时，其体验需求会受到抑制；相反，当一个人心情处于兴奋、快乐、轻松等愉快的状态中时，其体验需求会很容易被释放和激活。

体验业要牢牢抓住假日经济，因为人们在假日里往往心情比较轻松。即便是比较胆小、孤僻的人，也可能会在同伴的鼓动之下激情燃烧一把，潇洒体验一回。

5. 知识实力

如果一个人现有的知识实力使他认为该体验对象遥不可及，即使经过长时间的努力也很难顺利地控制它或与之交流，他会选择离开；如果他觉得经过努力后有进一步很好地涉及的可能性，则会燃起体验的欲望。例如，一个只有小学文化的人可能会放弃体验太空行走的机会（假设该体验项目很复杂），甚至对此有畏惧感；一个完全不懂英语的人没有浏览某英文网站的欲望，即使他听说这个网站有许多精彩的资讯可供下载。

6. 年龄

年龄对体验需求的影响实际上综合了很多因素，例如一般消费者到了24岁开始就业后，经济变得比较独立，所以体验需求会大大增加；到了60岁以后，随着身体状况的改变，体验需求会减少；等等。

图 5.7 对读者理解年龄对体验需求的影响或许有一定的帮助。

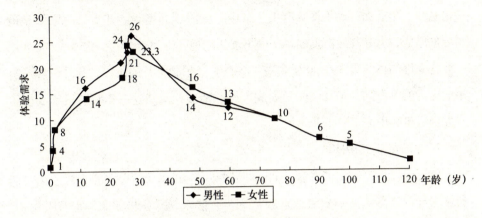

图 5.7　年龄对体验需求的影响图

假设：

①该消费者处于正常状态，没有发生诸如先天性痴呆、发育缓慢、信奉消极人生的教条等情况；

②该消费者所在地区经济处于中等发达水平；

③该消费者在 12 岁左右完成小学课程，掌握基本的语言与文字交流能力，受过大学教育，24 岁左右开始就业；男子 28 岁左右，女子 26 岁左右结婚成家。

说明：

①虽然婴儿刚刚出生，但是此时他已经有了约 10 个月的生命期，所以他也有一些微乎其微的体验需求。证据是：当怀胎 9 个月的孕妇听到优美的音乐时，经常能明显感觉到孩子在其肚中的欢跃，似乎孩子也有欢愉喜悦之感。

②正常小孩在 1 岁左右开始学习语言，在 2 岁左右开始能够自由行走，在 6 岁左右开始进入小学学习文字，在 24 岁左右因为就业开始拥有自由支配的收入，因此体验需求会急速上升。

③在男子 28 岁左右，女子 26 岁左右，消费者的体验需求达到人生的顶峰。因为此时的消费者有了一定的积蓄，生活负担和压力也不是很大，内心充满激

情与上进心。

④在此后阶段，消费者的体验需求会逐渐降低，这与生活压力增大、生活激情减少、年迈而行动不便等有关。其中，生活压力增大、开支日趋紧张是最重要的原因，尤其在经济发展水平尚不发达的地区。

⑤女性的体验需求在50岁左右可能有一个稍微上升的阶段，此时一般没有事业压力的她们因为子女已经长大成人而心情放松。从这一年龄阶段的女性容易发胖可推断出来。

7. 体验服务提供情况

俗话说"生产决定消费"，因此体验服务内容的有无、是否富有吸引力、质量优劣与否等影响着消费者的体验需求。一般来说，积极健康、富有吸引力、方便而又价格合理的体验服务很容易激发消费者的体验需求；相反，内容不美、价不廉的体验服务会降低消费者的体验需求。因此，体验企业应该大力研发新产品和改进旧产品，使自己的体验项目内容优秀，同时努力降低成本和服务的价格水平。

8. 消费偏好

消费偏好也有一定的影响。例如，有些人可能宁愿欣赏花卉而不愿意体验模拟地震，因为那似乎很危险，而且可能会弄脏衣服。再如，中国人对子女的教育是最舍得花钱的，包括胎教、启迪智慧的玩具、学校教育、家教、才艺培训等方面，因此中国人对学习型体验、丰富阅历型体验可能更加偏好，更加愿意花钱让子女去消费。

上述性格、心情、年龄、消费偏好四种因素虽然各异，但是均与消费者个人的性激素、胆激素、肾上腺素等激素有关，因此也可以归结为消费者个人"激素分泌情况"。当然，年龄还与经济实力、健康状况等因素有密切复杂的关系。

除了这些主要的影响因素之外，还有很多次要的、间接的影响因素，例如个人的宗教信仰、健康状况等等。

▌ 影响体验需求的宏观因素

从宏观的角度考察，政府/国家对整个国家体验需求总量的影响主要体现在以下几个方面。

1. 经济发展水平

地区或国家的经济发展水平越高，经济实力越强，则该地区或国家的体验需求总量越大。分析一个国家的体验需求总量，就应该认真分析这个国家的国内生产总值（GDP）、国民生产总值（GNP）等数据。

2. 贫富差距

在国家或地区的经济发展水平和经济实力相似的情况下，贫富差距过大会降低该国家或地区的体验需求总量，其中基尼系数①是一个重要的考察标准。原因是，大部分人由于比较贫困，所以自动压缩了他们的体验需求，而非常富裕的阶层的体验需求总是有限的，即使其过度膨胀，其膨胀的部分也无法全部补足贫穷阶层压缩的那部分体验需求。

而且，在这样的国家或地区，往往会出现针对上层社会的非法的或者不道德的体验服务项目，这也意味着体验需求会发生异化和扭曲。

3. 政治经济法律等制度

除了前面说到的经济发展水平和贫富差距本身与一个国家的政治经济法律等制度息息相关以外，还有很多制度会影响体验需求。例如：一个国家或地区的养老制度如果比较完善，老年人的经济收入、生活均有了保证，老年人的体验需求会比较旺盛；反之，则会大大压缩。一个国家的创业、融资制度比较好的话，体验服务提供商能更加顺利地创办体验企业或其他服务机构，推出各种

---

① 基尼系数，或译坚尼系数，是 20 世纪初意大利经济学家基尼，根据劳伦茨曲线所定义的判断收入分配公平程度的指标。其是在 0 和 1 之间的比例数值，是国际上经济学家们用来综合考察居民内部收入分配差异状况（财富分配状况）的一个重要的分析指标。数值越低，表明财富在社会成员之间的分配越均匀。反之，亦然。

丰富多彩的健康的体验项目，通过生产影响消费，从而影响整个国家或地区的体验需求总量；反之，则会让创业人士裹足不前，不敢冒险。正如前文分析的微观因素中提到的，专制国家的老百姓会在长大后越来越变得小心翼翼和循规蹈矩，从而影响其体验需求总量。直接针对体验业发展的法律政策会非常明显地影响体验业的发展，也就会影响体验需求总量。例如对同一个体验项目是否违反道德，不同的国家可能会给出不同的答案，有些国家可能会通过立法来禁止该项目。

4. 政府对体验业的政策、态度和作为

如果说有关制度是比较硬性、稳定的因素，那么政府对体验业的政策、态度则是比较软性、易变的因素。所以笔者将其单独列出来。假设两个国家都通过了同样的有关体验业发展的法律，但是两个国家的政府落实贯彻的程度、重视的程度、采取的方法等是不一样的，这将会导致不一样的结果。其结果是，政府越重视体验业的发展、研究和尊重其发展规律，其国家或地区的体验业发展就越迅猛顺利，体验需求总量就可能越大。

第 6 章

体验消费市场分析

根据年龄划分的消费市场

　　根据消费者的年龄不同，体验业的消费市场可以划分为儿童消费市场、青年消费市场、中年消费市场、老年消费市场。其中，儿童消费市场和青年消费市场是主要的消费市场。

　　人的好奇心随着年龄的增长、知识和阅历的积累而逐渐减弱。主要原因是人们随着知识、阅历的积累，而逐渐增强了"触类旁通"的能力，从而溶解了其对类似的但尚未接触的事物的好奇心。但是，正常的中老年人还是对新鲜事物保持着好奇心，除非该消费者处于某种不正常的状态中，例如心情低落、一直持消极的人生观和世界观等。

　　另外，中年消费者可能由于生活的压力而无法满足自己的体验需求，因为体验需求属于高级需求。正因为这一点，普遍生活压力小的地区（不一定是发达地区）的中年消费市场要比其他地区的更发达一些。

　　老年人的体验需求还可能因为行动不便等情况而受到抑制。

▌儿童消费市场

儿童消费市场有以下特点。

（1）市场潜力大，因为儿童的好奇心非常强、非常完整（没有受到其他世俗的侵袭），因此其体验需求大。但是他们没有独立的经济收入，其消费行为是否能够实现取决于成人。如果其所在地区经济不发达、生活水平低，则该市场潜力将会受到很大影响。

（2）因为儿童安全意识不强，生命能力不强，对抗危险的能力比较差，因此对体验服务提供商而言，安全设施和措施显得非常重要。

（3）体验服务内容非常丰富，即便是简单的体验项目也能吸引儿童消费者，因为儿童知识储备比较少，因此对于他们来说"新事物"的范围很广。

（4）因为儿童的理解和接受能力比较低，所以充分的服务说明就显得很重要。特别复杂、难以理解的体验项目不适合在这个市场推广。

（5）由于政府一般支持教育公益事业，家长也希望子女早日成才，支持子女的学习活动，因此学习型体验项目尤其受到政府和家长的欢迎。

（6）由于很多小学或初级中学会组织课外学习活动，一些单位和组织还会在夏季和冬季的假期组织夏令营和冬令营活动，因此经营者要抓住和推广团体项目，并根据团体成员数量的不同制定详细合理的优惠政策，甚至要帮助其解决交通困难。

（7）为了争取中小学校的长期客源，经营者要注意与中小学校保持良好的公共关系。

▌青年消费市场

青年消费市场有以下特点。

（1）市场潜力大，体验需求大。因为青年随着知识水平的迅速提高，更加觉得不知道的东西很多，导致其好奇心和探知欲很强；同时，拥有青春活力和浪漫情怀，也是其乐于参加体验项目的原因。但是青年人一般工资不高，或没有工资，所以如果其所在地区经济不发达、生活水平低，则青年消费市场的潜力将会受到很大的限制。

（2）鉴于青年的知识储备属于中等水平，因此体验内容不能太简单，也不能太复杂；并且要考虑到青年人浪漫与有激情的特点，经营者要努力将活动项目设计得比较浪漫、活泼。例如，在地震体验项目和火灾逃生体验项目中，可以让男女组合参加，既能让男生在必要时适当地照顾女生（一般情况下，是不应该提供照顾的，因为该项目本身有锻炼体验者逃生本领的要求），也能增加活动的浪漫气氛。

（3）青年人的求知欲很强，试图增强自己控制力的希望也很强，而且体力充沛，因此增长经历和扩展视野的体验项目能获得青年消费者的青睐。

（4）经营者要抓住适合高中生和大学生消费的团体项目和适合情侣消费的项目，依此制定优惠政策和活动方案，与高等中学、大学保持良好的公共关系，策划较好的校园广告项目。

（5）经营者要注意到年轻人青春激扬、精力充沛、有闯世界的闯劲和敢于冒险与挑战的特点，开发一些既保证安全又具有一定挑战性和刺激性的项目，而不能让自己的服务内容太过从容和舒缓。因此一些野外体验项目对他们尤其具有吸引力。

■ 中年消费市场

中年消费市场有以下特点。

（1）自身的消费市场潜力小，因为中年消费者生活和事业的压力比较大，再加上"触类旁通"的能力的增强，所以其体验需求受到压抑而比较小，尤其在生活水平比较低的国家和地区。但是中年消费者往往和家人在一起消费，这会使其被动地进入消费。因此，抓住了儿童消费市场、青年消费市场和老年消费市场，在一定意义上也就是抓住了中年消费市场。

另外，中年单身群体（未婚者或离婚者）的体验需求比较大一些，经营者要注意到这一点并开发一些项目，诸如和中年交友活动结合在一起的体验项目。

（2）体验内容应该偏重复杂一点的事物，太简单的事物无法吸引其参与进来，尤其是中年男子，他们对于太简单的东西一般不感兴趣。中年女性可能在这一方面要求低一些。但是中年男性可能为了孩子的成长和女性家属的需要，也会参加一些简单的体验项目。

（3）增长技能和扩展视野的体验项目能获得中年消费者的青睐。

（4）中年消费者往往是消费者组成的小团体中的付费者，因此中年消费市场往往和儿童消费市场、老年消费市场紧密联系在一起，体验企业的经营者要密切关注甚至研究这一点带来的深远影响。

（5）中年消费者的消费行为，相对而言一般都比较理性，因此体验企业的广告中不要堆砌过多的空洞的煽情式语言，以免招来他们的反感。

▌ 老年消费市场

老年消费市场的特点。

（1）市场潜力小。因为老年消费者"触类旁通"的能力进一步增强，以及老年人腿脚不灵便，体力不如从前，反应也相对比较迟钝，经济收入也一般因为退休相对萎缩，所以体验需求比较小。尤其在家庭规模比较小，老年人单独居住，以及养老政策不完善的国家和地区。

（2）体验内容不能太简单和浮躁。老年人一般比较喜欢有深度和内涵的体验项目，而不是青年人喜欢的躁动的体验项目。文化和文艺类的体验项目会比较受欢迎，例如剪纸艺术体验项目、艺术结编织体验项目等。

（3）体验项目中不需要消费者付出很大的体力，动作不太激烈、持续时间不长的体验项目将更受他们的欢迎。因为老年人活力减弱，骨质疏松，做太激烈和时间长的体验项目会"吃不消"。

（4）在中国，老年人经常和小孩在一起。小孩和老人都不能做激烈的运动，体力也不是很充沛，他们的安全需求更高，因此经营者要尽量开发出对两者均适用的体验项目。

延伸阅读　　　　　**老人不请自来参加儿童体验活动**①

　　《现代金报》2011 年 4 月 26 日第 B2 学通社版报道，学通社与市青少年宫共同举办的少儿陶艺体验，人气相当火爆，活动现场还有一位"不请自来"的客人。现年 70 多岁的刘爷爷本是书画爱好者，这次看到报纸上说有传统工艺的体验机会，便带着自己的工具——刻刀、印章等，赶到了青少年宫。记者不禁感叹："看来，学通社是要扩大受众了，老年大学的同学也有浓厚的意向加入，以后我们也将特别举办一些老少同乐的活动，为大家服务。"

---

　　① 该新闻标题为《我型我塑，我陶我乐——少儿陶艺体验火热进行》，电子版网址：http：//dzb. jinbaonet. com/html/2011 -04/26/content_ 183086. htm? div = 0，最后一次上网验证时间：2012 - 6 - 26。

按经济发展水平划分的消费市场

　　笔者对此的分析是非常粗糙的，主要是按照这个国家或地区的人均收入、GDP 和人均消费水平等来评价的，也部分参考了旅游业的统计数据①。但是，作为投资者或经营者，则要考虑更多的指标，例如基尼指数、GNP 等。

　　人均收入是一个重要的指标。人均收入高的地区的居民有更多的资金支持来其满足自己的高级需求，因此其体验需求会旺盛一些。GDP 也是一个重要的指标，但是 GDP 大的国家和地区未必人均收入就高，因为里面可能有外国投资商或外来务工者的贡献，但这种贡献却不会对当地人均收入的提高有帮助。

　　人均消费水平也会影响体验需求。人均消费水平低，在一定程度上说明当地居民对消费比较谨慎，不管出现这种结果的原因是由于其本来的经济收入比较少，还是因为其需要将收入更多地用于投资或者其他方面。居民对消费比较谨慎，会影响其高级需求，一般而言，此时高级需求会萎缩或被压抑。

　　基尼指数也是一个重要的指标。如果一个国家或地区的 GDP 很大，但是基

---

　　① 本节的主要参考资料有：中华人民共和国国家统计局编：《中国统计年鉴（2008）》，《中国统计年鉴（2011）》，《国际统计年鉴（2009）》，中国统计出版社出版；中华人民共和国国家统计局编：《国际统计年鉴（2011）》，中国统计出版社 2011 年版；中华人民共和国国家旅游局编：《中国旅游年鉴（2011）》，中国旅游出版社；中华人民共和国国家旅游局编：《中国旅游统计年鉴（2011）》，中国旅游出版社 2011 年版，以及中华人民共和国国家统计局、国家旅游局官方网站提供的相关数据（有时其比纸质出版物更为精确）。

尼指数也很大的话，意味着该国或地区贫富差距很悬殊。而能够满足体验需求这样的高级需求的人群主要属于上层社会，而且数量很小。因此，尽管该国或地区很富有，但是体验需求还是比较受压抑，投资者要谨慎。

不过，科学而准确的基尼指数目前尚无法轻易地获得。

GNP具有另外的意义，因为外国人的经济收入是不计入内的，但是又因为居住在外国的国民的收入也是计入GNP内的，所以对于衡量当地的人均收入，估算当地的体验需求，其还是有局限性的。

下面笔者将分别介绍国内和国外的体验消费市场。

▌国内

国内的体验消费市场大致可以分为沿海地区发达消费市场、中部地区较发达消费市场和西部地区发展中消费市场。

看上去这像是依照地理位置划分的，其实不是。其主要是按照当地的人均收入、GDP值和人均消费水平等来划分的。例如广西省和海南省，虽然其地理位置属于沿海地区，但是却不适合归属到沿海地区发达消费市场里，因此被排除了。

至于为什么要取这样容易让人误以为是按照地理位置划分的名称，则是因为这样比较简单易记，很容易令人形成整体印象。事实上中国的经济发展局势也就是这样的：经济的发展程度受地理位置的影响非常大。

在本小节的分析中，笔者参考了以下数据和资料（见表6-1~6-6）。

表6-1　　中国内地各省级行政区的地区生产总值（2010年）　　单位：亿元

位次	省级行政区	地区生产总值	位次	省级行政区	地区生产总值
1	广　东	46013.06	6	河　北	20394.26
2	江　苏	41425.48	7	辽　宁	18457.27
3	山　东	39169.92	8	四　川	17185.48
4	浙　江	27722.31	9	上　海	17165.98
5	河　南	23092.36	10	湖　南	16037.96

续表

位次	省级行政区	地区生产总值	位次	省级行政区	地区生产总值
11	湖 北	15967.61	22	吉 林	8667.58
12	福 建	14737.12	23	重 庆	7925.58
13	北 京	14113.58	24	云 南	7224.18
14	安 徽	12359.33	25	新 疆	5437.47
15	内蒙古	11672.00	26	贵 州	4602.16
16	黑龙江	10368.60	27	甘 肃	4120.75
17	陕 西	10123.48	28	海 南	2064.50
18	广 西	9569.85	29	宁 夏	1689.65
19	江 西	9451.26	30	青 海	1350.43
20	天 津	9224.46	31	西 藏	507.46
21	山 西	9200.86			

资料来源：中华人民共和国国家统计局编：《中国统计年鉴（2011）》，中国统计出版社2011年版。

表6-2 中国内地各省级行政区的人均地区生产总值（2010年） 单位：元

位次	省级行政区	人均地区生产总值	位次	省级行政区	人均地区生产总值
1	上 海	76074	14	重 庆	27596
2	北 京	75943	15	陕 西	27133
3	天 津	72994	16	黑龙江	27076
4	江 苏	52840	17	宁 夏	26860
5	浙 江	51711	18	山 西	26283
6	内蒙古	47347	19	新 疆	25034
7	广 东	44736	20	湖 南	24719
8	辽 宁	42355	21	河 南	24446
9	山 东	41106	22	青 海	24115
10	福 建	40025	23	海 南	23831
11	吉 林	31599	24	江 西	21253
12	河 北	28668	25	四 川	21182
13	湖 北	27906	26	安 徽	20888

位次	省级行政区	人均地区生产总值	位次	省级行政区	人均地区生产总值
27	广　西	20219	30	云　南	15752
28	西　藏	17319	31	贵　州	13119
29	甘　肃	16113			

资料来源：中华人民共和国国家统计局编：《中国统计年鉴（2011）》，中国统计出版社 2011 年版。

表 6 - 3　中国内地各省级行政区城镇居民家庭平均每人全年消费性支出　单位：元

位次	省级行政区	城镇居民家庭平均每人全年消费性支出	位次	省级行政区	城镇居民家庭平均每人全年消费性支出
1	上　海	23200.40	17	广　西	11490.08
2	北　京	19934.48	18	湖　北	11450.97
3	广　东	18489.53	19	宁　夏	11334.43
4	浙　江	17858.20	20	云　南	11074.08
5	天　津	16561.77	21	海　南	10926.71
6	福　建	14750.01	22	河　南	10838.49
7	江　苏	14357.49	23	黑龙江	10683.92
8	内蒙古	13994.62	24	江　西	10618.69
9	重　庆	13335.02	25	河　北	10318.32
10	辽　宁	13280.04	26	新　疆	10197.09
11	山　东	13118.24	27	贵　州	10058.29
12	四　川	12105.09	28	甘　肃	9895.35
13	湖　南	11825.33	29	山　西	9792.65
14	陕　西	11821.88	30	西　藏	9685.54
15	吉　林	11679.04	31	青　海	9613.79
16	安　徽	11512.55			

资料来源：参见中华人民共和国国家统计局网站（http://www.stats.gov.cn/tjsj/ndsj/2011/html/J1016C.HTM）。

表6-4　　　　　　　　　各地区国际旅游（外汇）收入　　　　　　单位：万美元

年份	位次	地 区	外汇收入	位次	地 区	外汇收入
2010	1	广 东	1238261	17	重 庆	70320
	2	上 海	634092	18	内蒙古	60190
	3	北 京	504461	19	河 南	49877
	4	江 苏	478343	20	山 西	46460
	5	浙 江	393020	21	四 川	35409
	6	福 建	297824	22	河 北	35071
	7	辽 宁	225933	23	江 西	34603
	8	山 东	215504	24	海 南	32236
	9	天 津	141951	25	吉 林	30492
	10	云 南	132365	26	新 疆	18542
	11	陕 西	101596	27	贵 州	12958
	12	湖 南	90622	28	西 藏	10359
	13	广 西	80615	29	青 海	2045
	14	黑龙江	76250	30	甘 肃	1481
	15	湖 北	75116	31	宁 夏	59
	16	安 徽	70898			
2011	1	广 东	1390619	13	广 西	105188
	3	江 苏	565297	14	湖 南	101434
	2	上 海	575118	15	重 庆	96806
	4	北 京	541600	16	湖 北	94018
	5	浙 江	454173	17	黑龙江	91762
	6	福 建	363444	18	内蒙古	67097
	7	辽 宁	271314	19	四 川	59383
	8	山 东	255076	20	山 西	56719
	9	天 津	175553	21	河 南	54903
	10	云 南	160861	22	新 疆	46519
	11	陕 西	129505	23	河 北	44765
	12	安 徽	117918	24	江 西	41500

续表

年份	位次	地　区	外汇收入	位次	地　区	外汇收入
	25	吉　林	38528	29	青　海	2659
2011	26	海　南	37615	30	甘　肃	1740
	27	贵　州	13507	31	宁　夏	620
	28	西　藏	12963			

资料来源：2010 年数据来自中华人民共和国国家旅游局编：《中国旅游年鉴（2011）》，中国旅游出版社 2011 年版。2011 年数据来自数据来源于中华人民共和国国家旅游局网站（http：//www.cnta.gov.cn/html/2012 – 2/2012 – 2 – 28 – 15 – 49 – 40158.html）。

表 6 – 5　　　　　　　　旅游景区接待总人数（2010 年）　　　　　　单位：人次

位次	省级行政区	接待总人数	位次	省级行政区	接待总人数
1	江　苏	327737799	17	重　庆	51041556
2	山　东	234097366	18	福　建	46036445
3	北　京	212155255	19	山　西	32928508
4	浙　江	196031908	20	陕　西	29246925
5	广　东	133683453	21	甘　肃	27768548
6	辽　宁	116142707	22	黑龙江	26878447
7	河　南	98119469	23	天　津	24775414
8	河　北	85322712	24	海　南	18969160
9	湖　南	81351261	25	内蒙古	18421001
10	安　徽	71475188	26	贵　州	18264541
11	四　川	64321055	27	吉　林	17791006
12	云　南	63954621	28	新　疆	14098515
13	广　西	58966628	29	宁　夏	7433516
14	上　海	55218897	30	青　海	2928138
15	江　西	54123693	31	西　藏	数据缺
16	湖　北	53483143			

资料来源：中华人民共和国国家旅游局编：《中国旅游统计年鉴（2011）》，中国旅游出版社 2011 年版。

表 6-6　　　　**2010 年中国香港、中国澳门和中国台湾的有关数据**

地　区	地区生产总值	折合美元	人均生产总值	折合美元
中国香港	17439 亿港元	2245 亿美元	246733 港元	31759 美元
中国澳门	2237.4 亿澳门元	279.6 亿美元	409828 澳门元	51214 美元
中国台湾	140206 亿元（新台币）	4432 亿美元	605921 元新台币	19155 美元

资料来源：中华人民共和国国家统计局编：《中国统计年鉴（2011）》，中国统计出版社 2011年版。

1. 沿海地区发达消费市场

从最近几年的经济形势来看，沿海地区发达消费市场包括香港、澳门、台湾、上海、北京、天津、浙江、江苏、广东、福建、山东、内蒙古和辽宁（共13 个），其 2010 年的地区人均 GDP 值大都在 40000 元（人民币）以上，城镇居民人均全年的消费水平大都在 13000 元（人民币）以上。[①] 注意，海南、河北和广西不在这个区域内，而内蒙古在这个区域内。

在该消费市场，省会、直辖市、地级市和比较富裕的县级市均具有广大的体验消费市场，因此均可以大力发展体验业，尤其是一些公园和游乐园可以率先引进体验项目，增加营业额。但是像江苏北部地区、山东沂蒙地区、广东西部地区和福建一些地区等相对比较落后，因此投资时还是需要更加慎重考虑。

在该消费市场，可以优先发展科技类体验项目等所需投资额比较大的体验项目，同时可以充分利用资金优势，挖掘当地的文化资源，发展文化民俗体验产业。

2. 中部地区较发达消费市场

从最近几年的经济形势来看，中部地区较发达消费市场包括黑龙江、河北、吉林、湖北、重庆、河南、海南、山西、湖南、江西、安徽、广西、陕西、宁夏和四川（共 15 个），其地区人均 GDP 值大都在 40000 元（人民币）以下（含

[①]　重庆的城镇居民人均全年消费水平虽然超过了 13000 元（人民币），但是基于 GDP 总量等其他考虑，未纳入。

40000 元）、20000 元以上，城镇居民人均全年的消费水平大都在 13000 元（人民币）以下（含 13000 元）、10200 元以上。① 注意，陕西和宁夏在该区域内。

在该消费市场，省会、直辖市和地级市均具有广大的体验消费市场，因此均可以大力发展体验业，尤其是一些公园和游乐园可以率先引进体验项目，增加营业额。

在该消费市场，无论是山西、河南，还是湖北、湖南、安徽等地，与历史有关的文化体验资源都非常丰富，这种资源开发所需的投资金额也不大，因此可以在这些地区优先发展文化民俗类体验项目。挖掘当地的文化资源，发展文化民俗体验产业，政府应当大力扶持。

3. 西部地区发展中消费市场

从最近几年的经济形势来看，西部地区发展中消费市场包括新疆、青海、西藏、云南、甘肃和贵州（共 6 个），其地区人均 GDP 值大都在 20000 元（人民币）以下（含 20000 元），城镇居民人均全年的消费水平大都在 10200 元（人民币）以下（含 10200 元）。注意，内蒙古、宁夏、陕西不在该区域内。

在该消费市场，省会、直辖市和比较富裕的地级市均具有广大的体验消费市场，因此均可以大力发展体验业，尤其是一些公园和游乐园，可以率先引进体验项目，增加营业额。

在该消费市场，无论是青海，还是西藏、新疆等地，少数民族的文化民俗体验资源都非常丰富，这种资源开发所需的投资金额比较小，因此可以优先发展文化民俗类体验项目，政府应当大力扶持。此外，该消费地区应该大力发展外向型的体验业（少数民族的文化民俗很适合发展为外向型体验项目），以吸引

---

① 新疆的地区人均 GDP 值在 20000 元以上（25034 元），但是城镇居民人均全年的消费水平（10197.09 元）不符合文中的标准。考虑到其属于西部地区，发展外向型体验业比较困难，2010 年旅游景区接待总人数排名也靠后，因此暂未放入此区域。青海也是如此，而且其城镇居民人均全年的消费水平（9613.79 元）名列最后一名，因此也未放入。山西是前一项符合标准，后一项不符合标准，且差得很远，考虑到该省具有丰富的文化体验资源，且离沿海、京津地区较近，暂且放入该区域。

外地的体验消费者（当然，整个中国都应该鼓励发展外向型体验项目，以赚取外汇）。

海南省三沙市管辖的南海诸岛目前也划入发展中消费市场。

▌ 国外

国外的体验市场基本上可以划分为发达国家和地区的体验消费市场、发展中国家和地区的体验消费市场、欠发达国家和地区的体验消费市场。划分标准基本上按照人均 GNP/GDP、基尼指数、人均消费水平等数据，还要考虑物价水平，使用按购买力平价法计算的人均国民总收入数据更具有合理性。需要注意的是，发达国家也有贫穷的地区，不发达国家也有富裕的地区。因此，投资商投资时需要加以详细考察。

在本小节的分析中，笔者参考了以下数据和资料：

①世界各国或地区以美元计算的国内生产总值（2009 年)[1]；

②世界各国或地区按购买力平价法计算的国内生产总值（2009 年)[2]；

③世界各国和地区的人均国民总收入（2009)[3]；世界各国或地区人均国民总收入（美元，2007 年)[4]（为考虑到世界金融危机的影响）；

④按购买力平价法计算的国民经济核算主要指标（2009 年)[5]（包括国内生产总值、人均国内生产总值、国民总收入、人均国民总收入四个项目）。

---

① 中华人民共和国国家统计局编：《国际统计年鉴（2011)》，中国统计出版社 2011 年版，第 30～33 页。原书注明资料来源：世界银行 WDI 数据库。

② 中华人民共和国国家统计局编：《国际统计年鉴（2011)》，中国统计出版社 2011 年版，第 38 页。原书注明资料来源：世界银行 WDI 数据库。

③ 中华人民共和国国家统计局编：《国际统计年鉴（2011)》，中国统计出版社 2011 年版，第 34～37 页。原书注明资料来源：世界银行 WDI 数据库。

④ 参见中华人民共和国国家统计局官方网站（http：//www. stats. gov. cn/tjsj/qtsj/gjsj/2008/t20090609_ 402564080. htm)。

⑤ 中华人民共和国国家统计局编：《国际统计年鉴（2011)》，中国统计出版社 2011 年版，第 38 页。

1. 发达国家和地区的体验消费市场

这些国家和地区主要集中在西北欧（包括英国、法国、德国、西班牙、意大利、瑞士、瑞典、芬兰、挪威等国家）、美国、加拿大、日本、韩国、澳大利亚、新西兰和新加坡等国，这些地区人们的生活水平比较高，有足够的经济能力和时间来满足自己的高级需求，因此存在广大的体验消费市场，可以大力发展体验业。

这些国家和地区可以利用资金优势全面发展各种类型的体验项目。为了发挥经济上的比较优势，在该消费市场，可以优先发展科技体验项目等所需投资额比较大、技术含量高的体验项目。同时，可以利用资金优势，充分挖掘国内的文化资源，发展文化民俗体验产业。民族性的文化民俗体验产业不会构成恶性竞争，只会繁荣世界文化。

2. 发展中、欠发达国家和地区的体验消费市场

发展中、欠发达国家和地区的体验消费市场主要集中在亚洲、非洲、拉丁美洲和东欧等地区。在这里，笔者不再将国家和地区的名单列出来，读者可以自行参照世界银行等机构发布的经济统计资料。

在这些国家和地区中，有的人口数量很大，例如中国、印度、巴西、印度尼西亚、尼日利亚等，因此体验消费市场的消费潜力不小，也值得投资者关注。

有的国家具有不少独特的体验资源，可以吸引外来游客体验。例如非洲一些国家具有丰富的热带森林生活的体验资源，埃及具有古代生活的体验资源，一些国家具有沙漠生活的体验资源……这些都值得深入挖掘。

在这些国家和地区中，应优先开发消费价位、知识性符合当地人需要且投资费用不大的项目。优先发展生活、文化民俗体验项目，适当地发展科技体验项目。

按日期特殊性划分的消费市场

▋ 假日消费市场

影响体验需求的一个重要因素是心情，人们在轻松愉悦的情况下容易被激发体验需求，而人们往往在假日能保持这样的心情。另外，经济实力是影响体验需求的另一个重要因素，人们多有在平日为节日消费积储的习惯，等到假日来临，因为平时有所积累再加上假日前单位发的假日奖金，其经济实力比平时要强，因此消费水平比平时要高。此外，人们也有在假日不再极力克制消费需求的习惯。

每一位经营者都不要忘记少数民族的假日，尤其在少数民族聚居地以及多个民族的杂居地。忘记他们的节假日及其蕴含的商机是非常不明智的。最重要的是，记住他们的节假日，体现了一个公司对他们的尊重，这样能在少数民族消费者心里形成良好的印象，少数民族居民会因此觉得这个体验企业不错，有人文精神，并对该企业增加亲近感和消费倾向。同时，经营者还应该对少数民族特有的禁忌和风俗了如指掌，为了照顾他们的感受，有些活动应该有所张扬，而有些活动则应该有所抑制。

▌普通日期消费市场

在普通日期消费市场，体验企业依然要认真地迎接每一位消费者，不能让消费者感到公司的服务态度和质量大大下降，整个场地气氛冷冷清清。

在普通日期消费市场，体验企业依然要潜心挖掘市场，吸引那些非常规消费人士，包括带薪休假的人士、来体验企业所在地出差的人士、感性消费的人士、体验项目和其课程内容紧密相关的学校学生等等。

平日里，体验企业要利用这个时期做好设备和场地的保养和维修、员工的培训和进修、对新项目的研究和试验，以及为迎接重大节假日做好策划、物资、广告上的准备等。

按文化体验资源划分的消费市场

世界上有很多国家和地区有着鲜明特色的生活方式和文化，这些吸引着其他地方的人们前往体验。体验者希望看看别人是怎么生活的，他们关注其他族群的生存状态和生存方式，关注其他文化和文明，也从中学习和借鉴一些有益的经验。

这些文化资源非常适合经过合理整合后发展成外向型体验项目和生活体验项目，并和旅游业紧密结合起来，从而在当地形成稳定的体验消费市场，吸引外地的消费者。有的文化资源在经过适当的改造后也可以复制到其他地区，成为独立的体验项目。但是，因为脱离了该地的大背景，其品质多多少少会受到损伤。

将一些文化体验项目复制到外地时，有时会涉及外来文化和当地文化的冲突问题，投资者务必对此保持谨慎的态度，在基本可行的情况下，采取良好的宣传和公关措施让民众逐步接受；对于那些文化冲突根本无法调和的体验项目，则最好不要引入。

▌民族文化体验消费市场

各民族在长期的生活中形成了一些独特的生活方式和文化，对于其他民族的消费者来说，这很有意思。这些文化资源经过合理的整合，就能提炼出一些

优秀的体验项目。

可供开发的民族文化资源主要集中在传统节日、生活方式、生活习俗等领域，例如汉族的重阳节、中秋节、端午节，傣、阿昌、德昂、布朗、佤等族的泼水节，阿昌族的火把节，斡尔族的"黑灰日"，等等。

对这些节日的体验很多可以复制到外地，进行连锁经营。例如端午节上的赛龙舟，泼水节的泼水活动，操作得好的话，复制到外地对体验的效果并无大碍。但是，在复制时一定要做得惟妙惟肖，不要很粗糙，那样的话对形成企业的品牌也非常不利。

各民族自治政府应该重视对这些资源的挖掘，并且有义务对这样的体验项目和体验企业进行扶持，以推广本民族优秀的文化、价值观念和生活方式等，赢得应有的文化话语权。

这样的体验企业和普通企业相比，肩负更多的社会责任，主要包括：

（1）努力弘扬和传播本民族的优秀文化、价值观念和生活方式等，促进世界文化的交融；

（2）谨慎地提供正宗的服务，不给本民族的这些文化内容抹黑，不让消费者留下错误的印象；

（3）实事求是地提供介绍和评价，不为本文化中的瑕疵和黑暗面进行掩饰和狡辩。

▌地方文化体验消费市场

除了民族文化体验资源以外，世界各地区的居民在长期的生活中也形成了一些独特的生活方式和文化，这些文化经过合理的整合，也可提炼出一些体验项目。民族文化体验资源往往带有地区性，但是地区文化体验资源未必带有民族性。例如，哈尔滨的国际冰雕节、山东潍坊的风筝节、青岛的沙雕节、青海门源县的油菜花节、西班牙的西红柿节和奔牛节等。

地区文化体验资源有一些也适合复制到外地，进行连锁经营。但是，也有很多并不适合复制到外地，或不适合普遍复制，而仅能复制到少数的其他地区。因为这些体验项目和该地域的气候、地表地理特征、当地动植物等事物有关。例如，油菜花节只能复制到那些适合油菜花生长的地区，沙雕节只能复制到那些海滩海沙适合沙雕的地区，冰雕则只能移植到寒冷的地区。

地方政府应该重视对这些资源的挖掘，并且有义务对这样的体验项目和体验企业进行扶持，以合理充分利用这些体验资源，促进当地经济的发展和人们的就业。

Experience industry

体验企业的经营策略分析

投资项目分析

▍投资主体

体验业属于第三产业，受经济周期的影响很大。体验需求属于高级需求，因此，一旦经济进入萧条期，体验企业的营业额必定会大幅度下降。考虑到这一点，大型或连锁的体验项目的投资主体最好是属于复合型投资主体，即投资主体在第一、二、三产业有着均衡的投资。一旦体验企业营业额下降，尚有其他收入可供接济。

有些体验项目比较简单，因此对其投资主体的要求可以相对宽松一些。

在北京、上海、广州、深圳等特大城市，可以由政府或民间企业或个体开发建设体验公园或体验乐园，类似世界之窗、迪斯尼乐园或欢乐谷，提供集中的、众多的体验项目。

中国各个城市的公园可以积极引进一些小型的体验项目（有实力的公园也可以引进大一点的项目），来吸引消费者。这些小型的体验项目投资少，成本低，风险也比较小。一旦本城市的消费者厌倦了该体验项目，又可以及时更换新的体验项目。这对很多人气不旺的公园来说，不失为一种好的策略。

同理，各地的旅游景点、度假村、娱乐场所、少年宫、文化宫、博物馆等，都可以引进一些合适的体验项目。其中，科技馆适合引进一些科技类的体验项

图 7.1　悠波球、骑鸵鸟等类似的体验项目投资少、风险小，而且可以随时更换为新的体验项目

目，博物馆、少年宫尤其适合引进一些学习类、文化民俗类的体验项目，文化宫适合引进一些文化民俗类的体验项目。

各地的文化民俗旅游景点应努力挖掘当地的文化民俗体验资源，开发出有趣的体验项目，例如傣族旅游景区开发体验泼水节的项目，云南怒江地区开发溜索的体验项目，云南西双版纳地区开发骑大象的体验项目。

各国或地区的科研机构、科研基地应在不泄露国家科技机密的前提下适当地开发出一些科技体验项目，借此机会给予国民一些科学普及教育，或吸引外国游客赚取外汇。例如我国的卫星发射基地可以开发出失重、太空行走等体验项目。

各影视城、国家或省级电视台可以开发出体验影视拍摄、古代文化的项目。

各国各级政府的地震局、消防局、气象局可以根据实际情况开发出体验地震、消防、火山爆发的项目，以提高民众的防灾意识及基本技能。

各地的步行街、商贸中心可以适当地开发一些小规模或单个的体验项目，如体验制作陶瓷、中国结、文化衫、剪纸、雕刻个人印鉴等，亦可推出免费体验服务，以聚集人气。

民间企业或个体可以开发出有特色及市场的小规模或单个的体验项目，也可以扩大规模进行连锁经营。

▎投资方式

笔者认为，一般而言，企业规模越大，其越会注重长期投资，从而减少短期的投机行为，这对企业自身和整个国民经济的长期稳定的发展是非常有利的。因此笔者认为，投资者应尽量将体验企业建设成大型的、连锁形式的企业，政府也应该对此进行政策上的鼓励。

大型的连锁型企业也会在服务质量、体验项目的内容创新、广告宣传、资金运转、人才战略、处理社会公共关系等方面有过人之处。而体验项目的内容创新对于本地型体验企业来说可能非常重要。因为一个体验项目可能在当地很快就会被消费者所厌倦，或因其他原因丧失足够规模的消费群。例如，如果某体验企业在唐山开设地震体验项目，用不了多久，唐山市民都会体验过该项目的服务，如果其对消费者没有重复体验的吸引力，那么该项目的消费量必定会迅速减少。

当然，人们也可以开发出有特色及市场的小规模或单个的体验项目，尤其是当这些体验项目尚未被别人发觉其市场潜力的时候。

▎选址策略

在创办体验企业或开设体验企业的分店时，选址策略非常重要，需要考虑的因素主要如下。

1. 选择城市（地区）

（1）当地经济发展水平。经济发展水平太低，人们一般会压制高级需求，因此体验企业的经营很难打开局面，所以一般应在经济比较发达的地区创办体验企业或体验企业分店。

（2）当地是否有丰富的体验资源。包括有特色的文化、生活方式、风俗、科研基地等。作为体验企业的创办者或经营者，一定要对诸如山东潍坊的风筝文化、湖南汨罗的龙舟文化、甘肃酒泉的卫星发射基地等事物保持敏感。

（3）交通状况与人口流动性。体验企业一般最好是设在人口流动性大或流动人口多、交通便利的城市或地区。因为有些体验项目，消费者体验一两次后就不再去消费了。如果缺乏流动人口，营业额要长久维持一定水平比较困难。

（4）当地针对体验业的法律规定和相关政策。由于体验业属于新生事物，因此针对体验行业的相关规定在很大程度上影响者其发展，所以创办者一定要仔细研究当地的法规与政策。

2. 选择地点

确定要在一个城市或地区投资体验业后，对于企业具体地点的选择应优先考虑以下所列的地点或其附近区域：

（1）公园，尤其是当地的热点公园；

（2）风景区；

（3）百货采购区（步行街），尤其是当地的传统的百货采购区（步行街）；

（4）大学城；

（5）大片的高档社区；

（6）少年宫、文化宫、博物馆、科技馆等。

服务内容的经营策略

▌ 不唯体验原则

"不唯体验原则"的意思是体验企业需尽量避免只提供单一的体验服务，而要尽量将体验服务与旅游、娱乐、教育学习等巧妙地结合了起来。例如，北京康西草原就是将体验和旅游、娱乐结合了起来，而地震馆和科技馆则将体验与学习、娱乐结合了起来。言外之意，许多娱乐企业、教育机构、旅游景点也应该积极开发一些体验项目，以吸引消费者。

体验与旅游、娱乐、教育学习（尤其是亲子教育）、休闲购物的关系最为紧密，因此经营者要密切注意这一点，尽量充分利用现有资源，开发出立体的、丰满的服务项目来。

▌ 将体验需求积极转化为日常需求原则

体验需求是针对新鲜事物产生的，一旦该事物对消费者不再新鲜，体验需求就不会再产生，那么消费者就不会再消费该企业的体验服务了。当然也不排除有例外情况，例如消费者陪同尚未体验过该项目的亲朋好友前来再次体验。但是例外是微不足道的，有什么方法可以创造更多的"回头客"呢？

大部分的体验需求可以转化为日常需求。例如人们首次去油炸昆虫的小摊吃油炸昆虫时，是为了满足其体验需求；当人们接受了老板的广告内容——"吃油炸昆虫，既可口，又营养保健"，并经过数次食用后，可能体验需求慢慢地就转化为日常需求了。

这个需求的转化过程就是消费者的消费观念、生活理念转化的过程。为了促成这一转化的实现，经营者应该积极行动，主动出击。

笔者建议经营者关注以下几个方面。

1. 广告的宣传效果

现代广告活动在悄然改变和塑造消费者的新观念方面起着非常重要的作用。[①]

广告的强大作用首先体现在营造流行时尚上，尤其是现代媒体的广告力量，几乎可能在一夜之间造成一种新产品、新消费方式的流行。我们不得不承认，很多人把在肯德基消费看成是一种时尚身份的象征，但也许他内心觉得这种食物违反了自己的饮食风格。在这一成功案例中，肯德基本身的上乘服务、不菲的价格以及舒适的环境起了很大作用，但是广告的作用功不可没。

究其原因，主要是普通民众容易相信来自"强大、权威"媒体散发的信息，认为它是"真实的，确实大家都在这么做"；其次，广告中模特的行为起了榜样的作用，普通民众的从众心理引导他们去学习广告中模特的消费行为。

广告的另一效果是传递了新的信息，这种新信息很有说服力地冲击了广告接收者原有的消费观念。正如滑草坡的广告内容——"滑草坡运动，既健康优美，又时尚"。

2. 日常消费的可能性

如果希望让消费者的体验需求转化为日常需求，就意味着必须让消费者有"日常消费"的方便。而体验企业由于原先并不是作为提供日常消费服务的企业

---

① 布莱克韦尔、米尼德、恩格尔著，徐海、朱红祥、于涛译：《消费者行为学》，机械工业出版社 2003 年版，第 377 页。

而创建的，因而在数量和规模方面并不能提供这种方便。例如，想吃油炸昆虫的人们附近并没有油炸小摊或其他服务提供商，或者有但是规模小，消费者要排队等很久。当然，体验企业至少能满足其所在地附近居民的这种需求。在这里，采用连锁形式经营的体验企业具有优势。它可以在消费者逐渐从体验需求转化为日常需求的过程中，逐步增开连锁店来满足消费者。连锁店数量的迅速增加象征着人们被日益改变消费观念的过程。

将体验需求积极转化为日常需求时要注意，确保这种体验需求变为当地人们的日常消费是符合科学、合理、健康等原则的，不会因为这种新变化给当地人们的身体、心理、文化等方面造成不好的影响。

▍向学习靠拢原则

当听说某一消费行为将会和学习培训一样增长知识时，消费者会更加乐意掏钱来消费，尤其是为子女花费时。因为绝大部分人认为学习是一件好事情，这也是很多大龄人士上大学受到好评的原因。深层次的原因可能是因为学习是一种最好的投资。

很多人也许会误会笔者在鼓励经营者采用欺骗的方式来"靠拢"，实际上与学习可能风马牛不相及。其实，"向学习靠拢原则"的真实含义是将体验服务中的娱乐成分高雅化、深刻化。就是尽量让娱乐的东西变得有一定的深度，让消费者在知识方面有所收获。举例来说，你看某一个人的小品时，大笑过后会觉得无聊；但是看另一个人的小品时，大笑过后会陷入沉思，甚至品味良久，进而有所感悟、有所得。

这些原则贯彻起来并不难，因为体验业本来就属于广义上的学习，只是将该体验项目所涉及的知识巧妙地穿插在体验活动过程中。例如，工作人员可以向正在体验陶瓷制作的消费者，介绍陶瓷制作方面的物理、化学的专业知识，中国源远流长的陶瓷文化，世界陶瓷业最新的发展动向等。在消费者体验秦朝婚嫁仪式时，工作人员可以向其介绍秦朝的礼仪文化、婚嫁观念、贞操观念等，指出其可取之处和需要批判的地方。

前文中曾提到，"体验属于广义上的学习"，属于不需要深刻理论的学习，体验需求是意识试图了解世界并增加控制和影响世界的能力的表现，"向学习靠拢原则"正能巧妙地帮助消费者满足其这种需求。消费者或消费者的父母会欣喜地说："嗯，我儿子／女儿今天又增长了不少见识!"他们会对掏钱变得不那么心疼，甚至还会对经营者心存感激，正像人们感激老师一样，而且他们还会积极地向亲朋好友和同事广为介绍。

表 7 - 1 也许能对如何更好地贯彻这一原则有所启发。

表 7 - 1　　　　　　　贯彻"向学习靠拢原则"的细节要求

消费者的学习内容	与体验项目有关的理论性知识（例如物理、化学、医学等） 与体验项目有关的人文知识（例如历史的、美学的、艺术的） 与体验项目有关的实用知识（鼓励消费者以后应用的知识） 与体验项目有关的其他知识
消费者的学习方式	工作人员适时的讲解、示范和辅导 广告材料、门票上的说明，展示材料上的说明（体验营业场所要多放置展板） 体验服务提供商向消费者赠送的知识性宣传册 消费者自己体会

▌ 不断进行内容创新原则

1. 需要内容创新的原因

正如理查德·弗罗里达（Richard Florida）在《创意经济》中所强调的一样："创意力和竞争力是紧密相连的。"① 创意经济的崛起需要我们不断挖掘自己的创意，体验企业更是如此。

---

① ［美］理查德·弗罗里达著，方海萍、魏清江译：《创意经济》，中国人民大学出版社 2006 年版，第 10 页。

因为体验企业中有很多是本地型体验企业，其主要消费者来自体验企业所在地，因此数量有限。并不是所有的体验项目都可以由体验需求转化为日常需求，而消费者对这种体验项目的消费次数一般只是一两次；即使是那种可以转化为日常需求的体验项目，其转化过程也需要一定的时日，并不能保证马上实现。因此，如果不能及时创新内容，就会像中国许多城市的公园一样，落得"门前冷落车马稀"。所以，及时进行内容创新是非常重要的。

2. 如何创新

横向拓展项目：体验企业可以进行项目的横向拓展，开创出与原项目相类似的项目。例如，提供地震体验服务的企业可以开创出海啸体验项目、火灾体验项目、洪水体验项目等。提供明朝婚嫁仪式体验服务的企业可以开发出秦朝婚嫁仪式体验服务、清朝婚嫁仪式体验服务以及成人冠礼仪式等各种古代仪式的体验项目。

纵向拓展项目：体验企业可以进行项目的纵向拓展，开创出与原项目相并列的项目，提供各种类别的体验服务，并且不断开创新的品种，而不拘泥于某一类别。

笔者认为，一般情况下，经营者要以横向拓展为主，理由主要如下。

（1）横向拓展项目，更有可能利用许多现有的场地、器材设施，而不必全部重新建设，而纵向拓展项目时，这种可能性则会大大降低；

（2）横向拓展项目，原有员工更能顺利地适应新工作。即便需要进行新的培训，其培训成本也比较小。另外，如果新项目需要聘请新员工或新型人才，数量肯定不会很大，成本也会很小。纵向拓展则不然；

（3）横向拓展项目，有利于维持企业在顾客心目中的统一的形象，并在营销中保持稳定增长。企业如果纵向拓展项目，消费者原来在内心建立起来的对企业的识别经验会被扰乱，或无法及时顺利更新这种识别经验，甚至会产生反感。例如，许多家长已经形成印象：该市科技馆提供科技体验服务，有空可以带小孩子去游玩。如果有一天科技馆突然提供起秦朝婚嫁仪式体验服务，则会干扰消费者的这种印象，或者说令消费者无法及时顺利建立起这种联系的记忆，因为要使原有记忆发生严重修改是非常困难的。有些消费者甚至会产生反感，他们会想："小孩子游玩的地方干吗要搞这种成人项目?"

当然，笔者并非反对项目的一切纵向拓展，只是提醒决策者要谨慎。高风险、高成本有时与高收益是紧密相连的，对于有发展前景的事物，我们无需犹豫。

营销策略分析

■ 广告策略

1. 广告的作用

广告的作用有很多，其中以下几种最明显。

（1）塑造新的时尚。

体验业提供的体验项目一般是大家很少接触的、新鲜的事物，如月球行走、明朝婚嫁仪式。新鲜的事物往往能激发人们的消费兴趣，但是也是在挑战人们的消费勇气。第一个吃螃蟹的人是勇士，生活中不乏这样的勇士，但是按照传统的传播方式，需要让众人都接受一种新时尚，则需要很长的时间，因为影响是潜移默化的，受众的响应速度很慢。这是体验企业不愿意看到的。这时候，如果采用强大的舆论宣传攻势，则受众的响应速度能大大提高。

广告是能够产生强大的舆论宣传攻势的工具之一，尤其是现代在电视、报纸、广播、电影、网络等广告载体上发布的广告，因为其制作精美，时效性强，接收者数量巨大，消费者对它们的信任度也很高。

消费者信任它们的原因是：①消费者对强大的媒体容易产生崇拜、信任等感情，正如其对其他强大的事物容易产生崇拜和信任一样，包括强大的人物和机构、自然的力量、虚构的神仙等；②这些媒体自身也注意其发布的信息的真实性和准确性，以争取接收者（读者、观众等）；③ 消费者没有从接受这些信息的事实中受到明显的利益损害。

成功的商业广告有助于消费者增加对新产品的消费勇气，从而促进新时尚的流行。

另外，消费者在接受现代媒体广告时往往是同步的，而且很多广告的形式展现一些消费者在愉快地消费该产品的美好形象，这样容易在消费者的内心形成假象："大家都在使用该产品，它是时尚的！"这一点对诱导新时尚的流行是非常重要的。

（2）传播新的消费信息。

生产决定消费，亦即服务决定消费（在这里生产是广义上的生产，自然包括服务在内）。当一种新的产品和服务推出时，需要及时地向消费者推介这种产品和服务。否则，所谓生产决定消费是实现不了的。

体验业提供的绝大部分内容是新兴的服务项目，因此及时地将新服务项目通过广告向消费者推介出来，将消费信息传播开来是非常重要的。

这种需要传播的消费信息主要有以下几方面的信息。

①体验服务项目的内容，积极意义等；

②体验服务项目的价格，包括体验服务的价格、保险费用、附赠品的价格等；

③体验服务提供商所在地地址、交通情况以及住宿条件等；

④优惠活动的介绍，包括优惠的时限、条件和优惠幅度等；

⑤体验企业的相关信息，包括企业名称、咨询（客服）电话、网址等。

⑥消费者接收到这些消费信息后，这些信息能有效地帮助其做出新的消费选择。如果体验项目足够优秀的话，自然能吸引数量可观的消费者前来消费。

2. 广告的策划

（1）广告形式上的策略。

电视广告、网络广告和向消费者赠送的广告是笔者要强调的三大广告主力军。当然，其他广告形式也很重要。

电视广告是诸多广告形式中的主力军之一，主要是因为电视的受众数量大，表现手段丰富，音色俱全且动感十足。

网络广告（包括企业自己官方网站的网络广告）是另一支广告主力军，主要是因为网络广告强大便利的交互性、可查询性以及即时可得的性质。随着网络和个人计算机的普及，网络广告在广告形式中的贡献会越来越大。因此，经营者一定要重视网络广告，尤其是在信息查询设计上，一定要方便、迅捷。

向消费者赠送的广告也是广告形式中的一支主力军，显然这一重大工具并没有受到人们足够的重视，不过已有学者在强调①。笔者之所以重视这种广告形式，是因为这种广告依附在纪念品、小赠品等物品上，被消费者带回家，消费者往往会积极愉快地向四周的亲朋好友、邻居同事展示这种带有广告的纪念品和小赠品，以共享这些美好的消费经历，所以广告信息会传播得很广；其次，所谓"物以类聚，人以群居"，往往接收到这些广告信息的人又是很可能也来消费该体验项目的人，所以广告的针对性很强；再次，这些广告由消费者传播给他们的亲朋好友、邻居同事，这让广告更加具有说服力和可信度；最后，如果体验项目优秀的话，消费者自己也极有可能为体验服务项目做免费广告，积极地向亲朋好友、邻居同事推荐这个体验服务项目，以共享美好的事物，或提高自信心和自己在众人中的威信。

这些广告可以依附的载体有：

①留念相片，体验企业可以免费或部分免费地为每一位消费者现场制作一张留念相片，在相片背面印上企业的广告信息；

②纪念品，如手提包、徽章、明信片等，还可以制作精美的门票，门票上附上企业的广告信息；

---

① ［美］B·约瑟夫·派恩、詹姆斯·H·吉尔摩著，夏业良、鲁炜等译：《体验经济》，机械工业出版社 2002 年版，第 62～63 页。

③体验活动成果赠品，如体验陶瓷制作的消费者获赠自己亲手制作的陶瓷作品，体验表演的消费者获赠根据自己表演情节拍摄刻录的光盘等，体验企业可以在赠品中附上自己的广告信息；

④其他，如发票上盖广告信息专用章，提供简洁的广告信息，或印制专门的带有广告信息的发票。

（2）广告内容。

在广告内容上，体验企业要注意尽量使广告具有前文所提到的两大作用：塑造新的时尚和提供新的消费信息。这意味着广告要显得青春亮丽、动感时尚；广告模特要邀请青春活泼型的，广告的画面内容要尽量显得积极向上、动感火爆，广告词要强调"新时尚，新流行"，具有一定的煽情性，要将体验项目的"新"充分表达出来。

▌ 制造良性的新闻事件并使之被媒体恰当地报道

经营者要制造良性的新闻事件并不容易，往往有人会做得比较蹩脚，有时反而得到不好的效果。2010 年某市旅游政务网在网页登出了一条广告语："×春，一座叫春的城市。"网友纷纷在互联网上对其进行转载，并贴上标签——虎年最"唬"广告语。虽然这个新闻事件起到了广告的效果，但是其社会影响并不是很好，不少舆论认为这是哗众取宠、低俗的手段。

笔者建议，体验业经营者制作良性的新闻事件可以从以下几方面去策划。

（1）和有关公务、公益机构推出节假日优惠或免费活动。例如，和教育局、关爱下一代协会在儿童节推出优惠乃至免费的活动，和妇女协会在妇女节推出优惠乃至免费的活动。

（2）积极优惠或免费承办某些与体验业有关联的公益活动。例如，优惠或免费承办与关爱自闭症儿童有关的公益活动，与科技知识普及有关的公益活动等。

（3）策划一些有奖体验活动。例如，提供体验制作陶瓷、中国结、剪纸的经营者可以策划有奖体验活动，对体验者制作的陶瓷、中国结、剪纸进行评比，获奖者免除其体验服务费用并给予适当的奖励。奖励金额比较大时，新闻效应将比较明显。

其他方法还有很多，这里不再一一列举，感兴趣的体验服务提供商可以向笔者咨询。

良好的新闻事件制造后还要被媒体恰当地报道，才能让公众为之莞尔一笑、兴致盎然，而不是眉头一皱、破口大骂。

一般来说，不恰当的报道主要体现在以下几个方面。

（1）有过分炫耀经营者慈善行为的效果；

（2）有施舍、赏赐消费者的效果；

（3）过于频繁的、让人厌烦的、让人将新闻当成广告的反复或连续的报道；

（4）过于夸大的、不真实的报道等。

总之，经营者不要急于求成，不要俗不可耐，不要将消费者当成傻子，不要做得太过。

▌重视消费者的人际传播

前文多次提到，对于体验业的消费者来说，他们比其他消费者更加乐于在消费后向他人传播其体验经历，因为这些经历是如此新鲜、刺激而富有吸引力。因此，在其他行业的企业重视消费者的人际传播的背景下，体验企业就更应该重视消费者的人际传播了。

重视消费者的人际传播就要认真研究它，总结规律，好好利用它、挖掘它。笔者认为，重视人际传播，应该关注以下几个方面。

1. 激发良性的人际传播

消费者在体验完新事物后一般会主动积极地与他人进行人际传播，以分享体验的愉悦。但时间一长，这种积极性会降低；一些比较内向的消费者也许会对人际传播的积极性不高；另外还有一些消费者愿意进行交流，但是因为工作和生活比较繁忙而放弃一些交流机会，但是如果交流机会是无法推脱的，他们还是会进行交流的。

而向消费者赠送免费的留念相片、纪念品等物品能有效地、经常地激活其记忆，从而维持其人际传播的积极性。这些物品被消费者周围的人看到，他们可能会向消费者询问，从而激发消费者与询问者之间的人际传播。

针对体验项目的广告、新闻报道等，也可以激发民众间的人际传播。

2. 提拔意见领袖

很多人是生活和工作中的意见领袖，他们的观点强有力地影响着别人的观点。例如，外向型、爱好交际，且乐于为别人出谋划策的人；生活阅历丰富，在群体中有一定声誉和名望的人；掌握一定权力的人；等等。

企业要注意到这些意见领袖，并采取措施提拔这些意见领袖，以此影响人们的人际传播以及决策。

提拔意见领袖的方法多种多样，针对不同的意见领袖应采取不同的方法。例如，对于经常组织学生团体参加地震体验项目的学校校长或年级教学组组长或班主任给予免费或打折的优惠，赠送特别的纪念品，发放会员卡，邀请其参加产品或服务改进研讨会等；体验项目开张之时，有偿地邀请当地名流参加体验项目，并邀请记者对其进行报道，将场景照片悬挂于体验项目现场。本书第1章中介绍的美国零重力飞行公司邀请著名空间物理学家霍金免费体验失重飞行的案例，就是一个典型的成功案例。

3. 减少负面的人际传播

公司自身应当注意服务质量，对于可能产生误会的地方进行充分的说明，以减少消费者产业不满并将不满传播给周围的人的机会。公司还应当小心应对消费者的投诉，尽量让消费者得到满意的答案。

当体验项目或公司发生安全事故等负面新闻时，公司应当进行危机公关，及时挽救公司的形象，减少人们对此类事件的人际传播。

当人们流传对公司不利的谣言时，公司应当及时召开新闻发布会进行澄清，

甚至对肇事者进行起诉，以表明自身的清白。

延伸阅读 **美国零重力飞行公司邀请霍金免费体验失重飞行的社会影响**

美国零重力飞行公司邀请著名空间物理学家霍金免费体验失重飞行，是体验项目推广的一个典型的成功案例（详情请见本书第1章中的新闻2）。

首先，霍金是一个名人，而且是一个著名的权威空间物理学家，和失重飞行正好挂得上钩。他的学识和威信也能让民众相信他对公司服务的评价，因此公司安排他在登机之前发表感想，体验之后又发表演讲，是非常有营销意义的。

其次，他是一个残疾人，他的安全体验使得人们对该体验项目的安全性有了进一步的信任。而劝说民众相信本项目的安全性本来就是一个巨大的商业风险，该公司成功地利用这一活动降低了这个风险。很多体验项目均具有这样的风险，例如体验地震、滑翔、蹦极、跳伞等。如果无法劝说民众相信体验项目的安全性，该项目就无法赢得足够的消费者，最终甚至会导致项目破产。

第三，正如营销大师菲利普·科特勒对新闻在公关工具中所处地位的重视那样[1]，公司非常完美地运用了新闻这个公关工具：安排了事前的新闻造势，邀请新闻记者采访，霍金登机前发言，过程的新闻记录，事后霍金发表感言等环节。其邀请的新闻机构是全球权威的新闻媒体，使得这个新闻传播到了世界各国。

第四，记者的新闻稿中包含了对该体验项目的完整的商业信息，包括

---

① 菲利普·科特勒在《科特勒市场营销教程》中强调，"公关人员使用好几种工具，主要工具是新闻"，"有时公关人员提出一些事件或行动来制造新闻"。参见加里·阿姆斯特朗、菲利普·科特勒著，俞利军译：《科特勒市场营销教程》，华夏出版社2004年版，第561页。

飞机俯冲的次数和体验的总时间、价格、安全性、服务机构所在地等。即便是有偿新闻，这也是一个双方共赢、读者不讨厌的有偿新闻，实际上实现了三方共赢。

这个案例几乎可以被评选为世界最佳广告和最佳营销策划。

▍假日营销

影响体验需求的一个重要因素是心情，人们在轻松愉悦的情况下容易被激发体验需求，而人们往往在假日能保持这样的心情。另外，经济实力是影响体验需求的另一个重要因素，人们往往在平日有为节日消费积蓄的习惯，等到假日来临，因为平时有所积累再加上假日前单位发的假日奖金，其经济实力比平时要强，因此消费水平比平时要高。此外，人们也有在假日不再极力克制消费需求的习惯。因此，假日营销显得尤其重要，历来是商家必争的时期。

首先，在重大节假日来临之前，要开展力度适中的特别的广告宣传，以吸引消费者。同时也要有针对周末之类的普通节假日的广告宣传。

其次，在节假日里要制定合适的优惠策略，尤其是适合学生团体、年轻人团体的优惠策略。这些优惠策略包括门票价格优惠、纪念品赠送等。

再次，在节假日里，服务提供商要妥善考虑服务的安全设施（在假日前最好进行彻底的检查）、消费者数量控制、消费者的交通困难（条件允许的话要考虑专车接送）等因素。

此外，一些新服务项目的开张，一定要尽量选择在节假日进行，以提高假日聚焦效应。

体验服务的推广

▌ 推广的可能性

延 伸 阅 读 张裕葡萄酒 "体验之旅"，拉近和消费者的距离

　　2005 年 10 月 15 日，张裕葡萄酒在葡萄丰收的季节，推出张裕·卡斯特酒庄 "体验之旅"，不仅让全国各地的游人能够品味纯正的酒香，而且还让大家亲自感受葡萄酒的制作过程。

　　该活动通过采摘葡萄、手工制作、加工发酵、观赏品酒等环节，以酒庄体验生活为主题，包含了葡萄酒历史、文化、技术等方面内容。

　　专业人士认为，在葡萄酒市场激烈竞争的格局下，张裕葡萄酒推出 "体验之旅"，功夫不在玩耍，仍然在酒中。其通过这种方式整合自己的旅游资源，为自己的酒品牌提供了具有战略意义的体验平台。通过游客的体验，令其真切地领略到了葡萄酒的魅力，拉近了其与消费者的距离，从而潜移默化地实现了品牌的传播效果。

　　这个案例揭示了体验服务不仅可以由专门的体验服务提供商来提供，也可以由其他行业的企业来偶尔或小规模地提供。这样的例子很多，比如北京全聚德烤鸭企业在节假日邀请消费者在大厨师的指导下体验烤鸭的制作过程，一些航天展览会主办方在展览会上向年轻人提供体验宇航员训练项目的体验服务等等。

专门的体验服务提供商能够将体验服务做得更专业、更好，而且让消费者留下更集中的印象。但这并不意味着其他行业的服务商就不能或不应该提供体验服务，他们也能分享这种服务带来的利润及其所产生的积极效应，比如新闻效应、促销效果。

因此，体验服务存在在整个国民经济领域内推广的可能性，这些能推广的体验项目绝大部分是工作体验项目，属于工作体验业。

▌ 推广策略

首先，企业或单位应该将提供工作体验服务与宣传自己的产品和服务、展示本企业或单位的产品和服务的生产过程结合起来。这种体验服务承担了宣传和展示的作用，是为了让消费者了解该企业严格、科学、高效的生产过程和一流的品质管理，还可以展示该企业的服务理念、企业文化、员工的精神状态和团队精神。

其次，企业或单位应该将提供工作体验服务与加强企业或单位同消费者之间的互动结合起来。通过这样的活动并加上礼品的赠送、热情的餐饮住宿招待，可以回报老的忠诚客户并培养新的忠诚客户，影响意见领袖对该企业的感受，激励消费者在活动中提出对产品和服务的改进意见等等。

再次，这些体验服务最好是免费的，甚至要设立奖品和赠品，在餐饮住宿方面热情招待来客。企业本身可以提供这样的体验环境，人力资源非常便利，成本也非常低，因此应该是免费的。但是消费者必须是经过一个程序的筛选，比如从 VIP 会员中筛选，或通过报名的方式筛选。

最后，这些体验活动更要保证质量和安全，尽量给消费者留下美好的印象，

否则会引发相反的展示和宣传效果。

▍推广后与体验经济的差别依旧存在

即便是各行各业的企业都引进这些体验服务来展示和宣传自己的产品或服务，拉近同消费者之间的距离，但是它们依然属于体验业的旁枝别叶，体验业依然以集中的、大规模的、专门的体验服务为主要支柱。这也没有改变体验业属于一个行业的性质，依然不会上升到体验经济的地步。

事实上，很多行业、企业的生产流程是不合适开发出体验项目来的，例如工作比较脏的行业、工作比较深奥的行业、工作构成一般人的生活的行业等等。

这一点同体验经济所宣传的是有区别的。

体验经济强调的是每个行业、每个企业都要从销售产品或服务向销售体验转变，这些体验是消费者对该企业的产品或服务、售后服务、企业品牌、企业文化、企业的活动等形成的综合的印象和感受。而企业要全方面改善这些印象。

Experience industry

体验资源及未来

重要的体验资源

在现实生活中，有许多体验资源可以开发成体验项目，笔者对此稍稍做了整理，以希冀能有助于启迪读者的思路。

这里讲的体验资源，是一个比较宽泛的概念，主要是无形资源，包括一些科技成果和科学新发现，一些世界各国民族有情趣的节日，一些已经存在的诸如滚木比赛和麦茬地赤脚赛跑之类的趣味比赛或活动形式等。也许就是一种有体验价值，能让人产生体验冲动的事物，能够让人产生创新思维的导火索。对于有创意的人来说，也许根本不需要这样的资源，这些也算不上是资源。

毫无疑问，笔者在推介这些体验资源时有所偏好。有些是因为对本国和本民族的资源比较熟悉产生的偏好。但是更多的是因为个人价值观所产生的偏好。例如，笔者了解到有一种吉普赛人的婚礼，在婚礼上人们会轻轻割破新婚夫妇的臂膀，把血混在一起，以表示生死与共。[1] 笔者毫不犹豫地把它列为体验资源，因为笔者相信普通人通过这样的仪式能增强对婚姻的责任感，从而有利于婚姻的稳定。同样的，笔者对父亲节、感恩节等资源的推介也是基于这样的偏爱。

▌科技类体验资源

科技体验是笔者最为提倡的体验，因为它更接近狭义的学习，也是笔者呼

---

① 陈宏薇、陈浪编著：《西方国家节日谈趣》，湖北教育出版社 1999 年版，第 171 页。

吁政府给予扶持的体验。因为科技体验项目需要一定的高科技技术和资金支撑，所以美国、德国和日本等国家在发展科技体验项目上具有先天的优势，但是其他国家也可以积极发展要求稍低的项目。

表8-1　　　　　　　　　　可供开发的科技类体验资源表

名称	资源内容	体验项目开发	备　注
模拟地震	世界上很多地区会发生地震，地震往往同时引发火灾等灾难，导致大量人员伤亡。如果当事人掌握了预兆识别技巧和正确的逃生技巧，有许多伤亡是可以避免的。此外，地震作为罕见事件，本身具有体验的吸引力	需要模拟地震的设备，顾客的安全设备，救护系统；一批地震体验指导和救护人员	注意体验者的安全。政府应该给予支持
模拟火灾	世界上频频发生火灾，导致大量人员伤亡。如果当事人掌握了正确的逃生技巧，有许多伤亡是可以避免的。此外，火灾作为少遇事件，本身具有体验的吸引力	需要模拟火灾的设备，顾客的安全设备，救护系统；一批火灾体验指导和救护人员	注意体验者的安全。政府应该给予支持
模拟洪灾	世界上很多地区每年都会发生水灾，导致大量人员伤亡。如果当事人掌握了正确的逃生技巧，有许多伤亡是可以避免的。此外，水灾作为少遇事件，本身具有体验的吸引力	需要模拟水灾的设备和较大的场地、顾客的安全设备与更加完备的救护系统；一批水灾体验指导和救护人员	注意体验者的安全。政府应该给予支持
模拟海啸	世界上一些地区有时会发生海啸，一旦发生往往导致大量人员伤亡。如果当事人掌握了预兆识别技巧、正确的逃生技巧，有许多伤亡是可以避免的。此外，海啸作为罕遇事件，本身具有体验的吸引力	需要非常昂贵的模拟海啸的设备和较大的场地、顾客的安全设备与更加完备的救护系统；一批海啸体验指导和救护人员	注意体验者的安全。政府应该给予支持
模拟高楼逃生	当今世界存在众多的高楼，在发生火灾、地震、毒气泄露、爆炸、恐怖袭击等事件时，高楼逃生技巧非常重要	需要高楼作为模拟场地，一批体验指导和救护人员。如何处理成本问题值得仔细研究；另外，高楼逃生理论还比较匮乏	注意体验者的安全。政府应该给予支持

续表

名称	资源内容	体验项目开发	备注
灾难综合体验	世界上一些灾难往往会综合发生，例如地震往往会造成房屋电力系统破坏而引起火灾，交通事故可能引发爆炸等等。因此灾难综合体验更加具有科学性。从体验企业的经营策略上来说，也适合综合经营各种灾难体验项目	需要综合科学的模拟灾难的设备和较大的场地，顾客的安全设备与更加完备的救护系统；一批灾难体验指导和救护人员	注意安全和综合的合理性。政府应该给予支持
野外生存体验	远离大自然的人类越来越对在大自然中生存的技巧感到陌生，而生活却有可能使人们偶然陷入陌生的大自然中无法得到及时的援救。因此学习野外生存技巧，提高野外生存能力并体验野外生存的挑战性和刺激性是该体验资源的原始优势	需要综合的、较大的场地，顾客的安全设备与更加完备的救护系统；一批野外生存的指导和救护人员；科学合理的野外生存训练课程	注意安全和综合的合理性。政府应该给予支持
模拟月球行走	月球引力只有地球引力的1/6，因此在月球上行走人会轻飘飘的，由此会引发很多乐趣	适合由科技馆开发。可能需要比较昂贵的模拟设备；一批指导人员。本项目最大的目标消费者是学生和年轻人。应该结合月球行走增加一些浪漫节目，比如和情侣、游戏有关的	政府应该给予支持
模拟火星游览	奇怪但不难模拟的火星表面，不同的天气情况，先进的火星登陆车，有趣的科研活动都是迷人的体验资源	需要比较宽阔的模拟环境，需要模拟的火星游览车；一批指导人员。本项目最大的目标消费者是大学生和高学识的年轻人	气候难以模拟。政府应该给予支持
太空观测	奇妙的太空，流星雨等各种各样的太空星体活动，神奇的太空观测设备	需要昂贵的先进的太空观测设备，企业所在地必须是平时晴空比较多，可以结合太空星体活动举办"促销"活动	政府应该给予支持

续表

名称	资源内容	体验项目开发	备 注
宇宙飞船生活	在宇宙飞船里，物体处于失重状态，因此呈现出与地球上不同的情况；此外，美丽的太空和遥望地球的感觉也非常富有体验的吸引力	能否在技术上进行商业上的模拟目前尚不完全清楚，但是很有可能。笔者认为现实的和模拟的均应该鼓励，目前模拟的可能更应该鼓励，将来可能更多的是现实的	模拟的技术要求高
磁悬浮列车	对于一般民众来说，高速、平稳、没有车轮声的磁悬浮列车具有体验的吸引力	在磁悬浮列车商用还比较昂贵时，可以将其实际用途（运输）和体验功能结合起来	
战斗机飞翔	战斗机飞翔对于一般民众来说，尤其是身体合适的年轻人来说很有吸引力	适合湖南张家界这样的旅游景点开发（战机可以穿越天门洞）	注意体验者的安全，不要泄漏国防技术
潜艇航行	潜艇航行对于一般民众来说，尤其是身体合适的年轻人来说，很有吸引力。还可以体验部分军事行为	适合在海南岛、西沙群岛、南沙群岛等地区开发，尤其是海底风光旖旎的区域	注意体验者的安全，不要泄漏国防技术
飞碟飞行	是否已经发明出来或究竟能不能发明出来是难以求证的，但是如果能制造出来，那么它肯定是一种难得的体验资源	要放开国防技术上的顾虑，允许消费者体验恐怕是需要不少时日的	注意体验者的安全，不要泄漏国防技术
航母体验	可以体验航母生活及部分军事行为，如战机弹射起飞及阻拦索降落等，观看挂弹、导弹发射、两栖登陆表演等	可以利用轻型退役航母，保留小量、部分已经过时的武器装备，将体验与观看表演相结合	注意体验者的安全，不要泄漏国防技术

文化民俗类体验资源

世界上许多民族和地区的人们在长期的生活中形成了一些独特的文化和民间习俗，对于外界的消费者来说是很有意思的体验对象。这些文化资源经过合理的整合，就能提炼出一些优秀的体验项目。

可供开发的文化民俗资源主要集中在传统节日、生活习俗、民族工艺等领域。因为有些体验资源可能只适合开发为本地型体验项目，移植到外地需要慎重考虑，所以笔者在列举资源时注明了目前该资源的主要所在地。另外，开发这类资源应准确把握，慎重考虑，避免因对别人文化的误解与歧视而引发争议、抗议。

下面重点列举了汉族的文化民俗资源。

表 8−2　　　　　　　　可供开发的文化体验资源表

名称	资源主要所在地	内　容	体验项目开发	备　注
元宵节	中国	农历正月十五是元宵节。有体验价值的习俗：家家户户挂彩灯，放焰火；大街上挂花灯，东北和新疆等寒冷地区还要制作晶莹剔透的冰灯；猜灯谜，逛庙会；品尝元宵团子。藏历正月十五，藏族有观酥油花灯的习俗	作为整体开发，以灯展为主体，各种风俗穿插其中。很多风俗要加以改造，例如举办比赛，加入放飞孔明灯和漂放泰国水灯的活动。该活动尤其适合与交友和科普活动等结合起来	部分习俗已经消失
清明节	中国	"清明节"在公历的四月五日前后。主要习俗有：禁火寒食，扫墓，郊游踏青，插柳戴柳避邪，荡秋千，蹴鞠（踢球），放风筝，拔河，打马球等	作为整体开发，将各种风俗集中在大的活动中，插柳戴柳避邪，蹴鞠、打马球等项目有体验价值。可以以男女共同打马球或男子踢蹴鞠为高潮部分	部分习俗已经消失

续表

名称	资源主要所在地	内 容	体验项目开发	备 注
端午节	中国，尤其是中国中部长江流域	农历五月初五为端午节，为了纪念屈原。有体验价值的习俗：挂艾叶菖蒲，赛龙舟，吃粽子，饮雄黄酒（在中国中部长江流域地区的人家很盛行），佩香囊	作为整体开发，将各种风俗集中在大的活动中，可以以体验者赛龙舟为高潮部分。赛龙舟可以考虑移植外地	部分习俗已经消失
七夕节	中国，主要在汉族地区及部分少数民族地区	每年的农历七月初七，相传在这个夜晚天上的织女与牛郎会在鹊桥相会，是中国传统的情人节。七夕节习俗：女子乞巧（相当于女子闺房技艺比赛），女子唱歌，祭织女，女子许愿等	作为整体开发，可以以男女共同许愿为高潮部分，将各种风俗穿插其中。很多风俗活动要加以改造。该活动适合与交友、女权运动等结合起来	很多习俗已经消失
中秋节	中国，主要在汉族地区及部分少数民族地区	在农历八月十五日。习俗：举行迎寒和祭月，吃团圆月饼，中秋赏月、玩月，焚香拜月许愿，点塔灯，放天灯；香港的舞火龙、安徽婺源的堆宝塔、广州的树中秋、晋江的烧塔仔、傣族的拜月、苗族的跳月、侗族的偷月亮菜、高山族的托球舞等	作为整体开发，可以以放灯为高潮部分，将各种风俗穿插其中。很多风俗活动要加以现代化改造。该活动尤其适合与交友等结合起来	很多习俗已经消失
成年仪式	中国	主要是古代流行。主要有冠礼和笄礼。冠礼主要是在仪式上戴冠，笄礼则主要是用笄将头发簪上，还有其他内容	加以改造，使之时髦一点。主要是有利于帮助体验者建立起成长后的责任感	

名称	资源主要所在地	内 容	体验项目开发	备 注
重阳节	中国，尤其是中原地区	在农历九月九日。在传统观念中"双九"是生命长久、健康长寿的意思，人们认为重阳节登高可以免灾避祸。习俗：赏菊，饮菊花酒（菊花酒在古代被看做是祛灾祈福的"吉祥酒"），登高与野宴，佩戴茱萸和菊花（茱萸雅号"辟邪翁"，菊花又名"延寿客"），放风筝，吃重阳糕等	作为整体开发，将各种风俗集中在一天或两天的活动中集中进行，可以以登山为主线。很多风俗活动要加以改造。该活动尤其适合与交友、论坛等结合起来	很多习俗已经消失
陶瓷节	中国江苏景德镇	活动内容：举行陶瓷精品大会展，陶瓷技艺现场表演，茶道表演，组织陶瓷系列旅游项目	要多开发能让消费者亲自体验的项目，例如体验制作陶瓷等	
上元节	中国，东北吉林、辽宁等朝鲜族聚集区	在每年的农历正月十五，传统习俗主要有：①踩桥：人们按照自己的年龄在桥上来回踩走达到足够的趟数。据说踩桥能让人不患腿病。②饮聪耳酒。③老人登望月架争相看月出，先看见月出者一年内顺利吉祥，子孙幸福。④车战：两架牛车相撞，比赛哪架牛车结实以及驾车人的力气	作为整体开发，即将各种风俗集中在一天或两天的活动中集中进行，可以以车战为高潮部分。踩桥、车战等尤其具有体验价值。很多风俗活动要加以改造。该活动尤其适合与交友、论坛等结合起来	车战要保证体验者的安全

续表

名称	资源主要所在地	内　容	体验项目开发	备　注
泼水节	中国、泰国、缅甸等国	泼水节是傣、阿昌、德昂、布朗、佤等族的传统节日，一般在公历四月中旬，傣历六月，为期三至五天。有体验价值的主要活动：龙舟竞赛、赕佛、赶摆、放高升（傣族人自制的烟火）、歌舞表演、放孔明灯、泼水狂欢、丢包（男女寻求伴侣，表达爱慕之情）等	作为整体开发，可以以男女共同泼水嬉戏为高潮部分，将各种风俗穿插其中。很多风俗活动要加以现代化改造。该活动尤其适合与交友等结合起来。泼水节目的交际和娱乐作用可以推广到很多活动中	
沐浴节	中国，西藏高原的城镇、农村	在每年藏历7月6~12日。沐浴节是一次群众性的沐浴活动。习俗：人们携带美酒佳肴，在就近的江河边上撑起阳伞或搭起帐篷，与水为伴嬉戏，在河中洗澡，男女老少均无所避讳；下午聚在帐篷里或树荫下轻歌曼舞，饮酒作乐。届时，江河两岸欢声笑语，水花四溅，别具风情	作为整体开发，即将各种风俗集中在一次大的活动中，主要面向外地游客开放。很多风俗活动要加以现代化改造。该活动尤其适合与交友、旅游业等结合起来	注意不要演变成色情业
吃虫节	中国广西	仫佬族的民间农事节日，在每年农历六月初二。有体验价值的主要习俗：出嫁姑娘回娘家，沿途捉小虫，一家人吃饭时即以这些油炸蝗虫、甜炒蝶蛹等为菜肴	体验项目可以在当地开发，也可以移植于外地，并适合由饭店、宾馆等餐饮服务单位开发	注意事先进行卫生检测

名称	资源主要所在地	内 容	体验项目开发	备 注
三月三歌节和哈节	中国广西，壮族聚居的农村；哈节在广西防城县京族聚居地	农历3月初3，为壮族的歌节。有体验价值的习俗：男女老少聚集于约定俗成的地点，游逛一周物色对象，然后入棚畅怀对歌（有的在野外），通宵达旦，连唱三天，有些地方还有"抢歌"与"斗歌"的风习；男女双方互赠礼品。京族也有对歌的哈节，但是举办日期有多种	作为整体开发，可以以男女对歌为高潮部分，将各种风俗穿插其中。很多风俗活动要加以现代化改造。该活动尤其适合与交友等结合起来。对歌节目的交际和娱乐作用可以推广到很多活动中	对歌形式可以创新，游戏规则应更加开放
汤泉会	中国云南	傈僳族民间节日，在每年农历正月初一至初十。主要习俗：到当地怒江边的小平坝的汤泉沐浴除秽；在坝上平地欢庆，歌手云集；男女青年交友联姻	和旅游业结合在当地开发，基本无法移植外地	
宋干节	中国云南	布朗族节日，在每年四月十四日。有体验价值的主要习俗：打竹球。竹球用竹篾编制而成，里面装上竹茹、棉花等，人们相互抛、踢游戏	可以移植到电视台、健身房、欢乐谷等娱乐场所	
火把节	中国，阿昌族聚居地	阿昌族节日，每年农历6月24日举行，为祈求五谷丰收，届时要熟制火烧生猪肉拌米线给大家分食。入夜后点火把在村寨周围游动	有关火把的娱乐活动具有体验价值，火把将神秘感与安全感结合得比较好	注意体验者的安全

续表

名称	资源主要所在地	内　容	体验项目开发	备　注
黑灰日	中国,斡尔族聚居地	正月 16 为达斡尔族的黑灰日。在黑灰日这一天,人们之间,特别是青年人之间要互相往对方的脸上抹黑,认为抹得越黑,新一年越吉利	该体验项目在喜欢张扬、表现个性和希望发泄的人群中可能会吸引到一定的消费者,尤其是年轻人中	要注意提供完善的事后清洁服务
背篓盛会	中国台湾高山族聚居地	背篓盛会在每年农历 8月,是丰收节中的男女交友活动。男方将槟榔投到女方背后的背篓里,女方如果同意则将准备好的绣荷包送给对方,不同意则将其抖搂出来。还有其他的节目	如果要移植外地,那么绣荷包之类的内容要适当改造	
泥浴节	韩国保宁市	在 7 月 20 日,由政府资助,举办各种泥浴活动,以推介当地的泥浆美容产品	可以移植到具有美容、医疗泥浆资源的外地,例如广东梅州五华县、希腊 Filippoi	容易转化为日常需求
泥浴节①	意大利美容岛	夏季举行泥浴节时,人们脱下外衣、外裤跳入泥浆中,用泥浆往脸上、身上涂抹,或在泥池中摔打、嬉闹。因为充满刺激和挑战,受到游客的欢迎	可以移植到具有美容、医疗泥浆资源的外地,例如广东梅州五华县、希腊 Filippoi	容易转化为日常需求

---

① 海南在线（http://www.hainan.net/htmlnews/2004 – 12 – 2/232980.htm）。

续表

名称	资源主要所在地	内　容	体验项目开发	备　注
那吾鲁孜节	中国新疆伊犁地区	哈萨克族节日，在每年农历春分日。有体验价值的习俗：①叼羊比赛：比赛双方抢夺一只山羊羔。②姑娘追：男女交友游戏，男女骑马，先男女并辔，男方表白，甚至可略带调戏；到达赛点则是女追男，若女方中意男方，则用鞭子轻轻抽打男方，若不中意，则男方需拼命逃窜以避报复	具有刺激性和情趣，可能不适合移植外地	
女儿节	日本	在每年的3月3日，习俗：有女孩的家庭摆出"坛饰"，共分三层，最下一层放玩具、家具等。女孩子们穿上漂亮的和服，和家人聚在一起庆祝	节日习俗内容不是很有趣，因此本身的体验价值不大，但是节日具有体验意义，因此习俗需要经过改造才能开发为体验项目（各国体验服务提供商可以根据本国文化加以改造）	
端午节	日本	在5月5日，这是男孩子的节日。民间习俗：为了鼓励男孩子有勇武坚韧的精神，家中摆放武士用的头盔和铠甲，院里竖鲤鱼旗，门上挂祛除瘴疠的菖蒲	节日习俗内容不是很有趣，因此本身的体验价值不大，但是节日具有体验意义，因此习俗需要经过改造才能开发为体验项目（各国体验服务提供商可以根据本国文化加以改造）	

名称	资源主要所在地	内 容	体验项目开发	备 注
水灯节	泰国	在泰历 12 月 15 日。民间习俗：夜幕降临，身穿节日盛装的男女老少到江河两岸漂放和观看水灯。河道漂流着各种美丽的水灯，闪闪烁烁，充满诗情画意	体验者可以体验制作、漂放、观赏水灯的乐趣。体验服务提供商还可以组织比赛。最好不要在河道内漂放，可以在某一湖面或封闭水域，事后服务商要加以清洁处理	注意防止火灾和水面污染，本项目适宜移植外地
田园节	尼泊尔	在每年的 6 月末，尼泊尔加德满都谷地乡间的传统农事庆典。主要习俗：午后，人们来到田边，男女青年互相投掷泥巴，嬉戏取乐，弄得遍身污泥浊水；插秧开始，乐队击鼓奏乐，男子吆牛扶犁，女子一边插秧一边对歌	泼泥嬉戏具有体验价值，开发时应增加一些有趣的内容以丰富该项目	
泼泥节	中国广西桂林	壮族民间农事节日。内容同上面大体相似，主要是泼泥嬉戏。当地百姓相信泼泥兆示年成丰饶	泼泥嬉戏具有体验价值，开发时应增加一些有趣的内容以丰富该项目	
冰雪节	中国东北	哈尔滨、沈阳等地均举办。主要有冰雕展、冰灯展、冰上婚礼、冰上趣味活动等活动	作为整体开发，冰雕、冰上婚礼、冰上趣味活动等均有体验价值。本项目可以移植到其他冰寒地区，内容亦可以加以创新	
冬季狂欢节	加拿大魁北克省	在每年 2 月上、中旬举行，主要活动：垒筑五层楼高的冰雪城堡，展示各种冰雕，举办冰河赛舟、破冰划船、轮胎滑雪、冰上赛马等趣味比赛	作为整体开发，冰雕、冰河赛舟、破冰划船、轮胎滑雪、冰上赛马等均有体验价值。本项目可以移植到其他冰寒地区，内容亦可以创新	注意体验者的安全和预防感冒

名称	资源主要所在地	内　容	体验项目开发	备　注
狂欢节	巴西	主要活动：野性而富有活力的桑巴舞；化妆与众不同，着奇装异服，狂欢游行等	作为整体开发，强调消费者参与，亲自体验	
狂欢节	德国	主要活动：乔装打扮，戴上假面具和穿上怪异的衣物载歌载舞，并举行化妆晚会；	作为整体开发，强调消费者参与，亲自体验	
马路绘画节	德国小城格尔登	每年6月份举办，节日期间，马路被冲洗得干干净净，组织者给来自世界各地的美术爱好者和专业画家分配一块马路画画，政府组织评比并奖励，作品会被喷上速干胶，能保存半年之久	可以作为体验项目开发，但是不要发展为节日，以免"抢人生意"。但是如果创新为其他形式则可以考虑发展为节日	
母亲节	美国等国	"国际母亲节"设在每年的5月11日，庆祝活动一般是向母亲赠送花束、贺卡和礼品，电话问候和祝福，代替母亲做家务劳动等	适合公园、酒店等机构开发为一年一度的临时体验项目。项目内容尚需开发得更加富有情趣和具有商业操作性	在流行该节的国家不算体验业
父亲节	巴西、美国等国	巴西的在每年8月的第二个星期天。庆祝活动的形式很多。一般是向父亲赠送礼品，宴请父亲，为父亲们评奖等	适合公园、酒店等机构开发为一年一度的临时体验项目。项目内容尚需开发得更加富有情趣和具有商业操作性	在流行该节的国家不算体验业

续表

名称	资源主要所在地	内　容	体验项目开发	备　注
辣椒节	美国新墨西哥州哈奇（hatch）	在每年的 9 月 5 日和 6 日。主要习俗：举办辣椒烹调比赛，品尝辣椒制品（包括辣椒酒），举办辣椒节画展等	适合在中国四川、湖南、贵州等地开发，开发时要强调体验者亲自参与烹调与品尝等	提醒忌食辛辣者不要参加品尝
食品节	美国纽约	每年 9 月中旬（常为星期天）举行。主要习俗：近千个食品摊位上出售世界各地食品，世界各族美籍后裔着民族服装游行	规模要大，时间可稍长，对专门的现场烹调者可适当提供补贴，开发时要强调体验者亲自参与烹调与品尝等	要对各种忌食者作详细的提醒
感恩节	美国	在每年 11 月的第四个星期四。主要习俗：亲人朋友团聚，互赠鲜花礼品表谢意，聚餐畅谈往事增进感情，吃火鸡等节日食品	适合酒店、公园等开发，开发时注意将其转化为商业操作性较好的活动并增加活动内容	
牛仔节	美国、加拿大等国	在每年的 7 月举行。有体验价值的习俗：牛仔竞技比赛，包括骑野马（牛）比赛等；滚木比赛，两人站在一根浮在水面上的圆木上，相互踢踏木头力图让对方落水	牛仔竞技比赛适合在草原地区、农村养牛的地区开发；滚木比赛适合公园、电视台娱乐节目、旅游区开发	牛仔竞技要注意安全
马铃薯节	捷克	在每年的 7 月最后一天。主要民间习俗：马铃薯烹调比赛，并相互品尝；用马铃薯制作各种食品，馈赠亲友；歌舞庆祝	作为整体开发，很多风俗活动要加以改造，开发时要强调体验者亲自参与烹调与品尝等	

名称	资源主要所在地	内　容	体验项目开发	备　注
水牛节	菲律宾农村，洛班市、新恰诗夏省等	在每年的5月14日或16日。主要习俗：为自家的水牛洗澡、剃毛、磨角、梳理、打扮；集体骑着打扮一新的水牛游行；宗教典礼，神父为水牛祈祷；各种文体歌舞活动	作为整体开发，很多风俗活动要加以改造并增加游客可以体验的项目，例如和水牛有关的游戏、水牛化妆比赛、水牛与人摄影比赛等	注意保护动物
西红柿节	西班牙布尼尔镇等地	在每年的八月，有的地方持续一周。习俗：人们在广场上用西红柿相互善意地投掷、"交战"嬉戏，很多参加者会穿上泳衣，戴上潜水镜和浴帽，"战斗"一般持续半个或一个小时	西红柿交战具有体验价值，可以移植到盛产西红柿的其他地区。应当注意不要太浪费并设置完善的洗浴设施	政府要保证治安秩序
奔牛节	西班牙潘庞那等地	在每年7月6～14日。奔牛时，上万名奔牛爱好者挤满了街道，重约500公斤的公牛从牛棚冲出后，以24公里的时速狂奔，人们故意惹逗公牛并随之追赶以此示勇，时常险象丛生，最后以公牛被引进斗牛场而大功告成。人们在这个危险的游戏中尽情享受欢乐与刺激	奔牛节期间每年都有人受伤，甚至死亡。因此该体验项目要加以改造，首先要保证不会导致体验者死亡，其次要增加体验者引导奔牛的技巧性，并进行评奖。注意维护体验者群体的秩序	注意体验者的安全性
吉卜赛妇女节	西班牙等吉卜赛族聚居地	一般在每年的10月上旬。有体验价值的习俗：婚礼中人们轻轻割破夫妇的臂部，把血混在一起，以表示和鼓励夫妇生死与共，患难与共	可以让体验者在吉卜赛婚礼体验项目中体验。也可以插入到其他族的婚礼体验项目中作为新的仪式内容	注意卫生

名称	资源主要所在地	内　容	体验项目开发	备　注
花战	法国花城尼斯	在每年2月。有体验价值的习俗：以花为"武器"混战，以此嬉戏增进感情。花有真花、机器压制的彩色小纸花、彩纸带和塑料彩带等	像盛产荷花、油菜花、紫云英等非名贵花的旅游胜地便可以考虑开发这样的体验项目	注意不要太奢侈
龙节	法国达拉斯克	每年6月底，为期四天。有体验价值的习俗：主要是各种趣味游戏，绊绳游戏（用绳子将不留神的人绊倒）、醉汉游戏（佯装醉汉将众人撞得跌来撞去）、鲟鱼游戏（将不留神的人淋个落汤鸡）等	各大公园、游乐园、动物园和游乐场所等可以适当开发此类体验项目	
巴士底日	法国	法国国庆节，在每年7月14日。有体验价值的习俗：滚酒桶比赛（滚动着大酒桶跑完800米的赛程），穿袋赛跑（选手从脚至胸都套上装满土豆的麻袋，跑起来跌跌撞撞，妙趣横生）；青蛙比赛（选手必须推着一辆装有一只青蛙的小独轮车跑完全程，并且不能让青蛙逃掉）	各大公园、游乐园、动物园和游乐场所等可以适当开发此类体验项目	类似的比赛还可以设想出来
洋葱节	瑞士伯尔尼	在每年11月的第四个星期一。有体验价值的习俗：丰富的洋葱食品，切葱头比赛，有葱头项链、洋葱娃娃、葱头闹钟、葱头辫子等产品出售	强调消费者参与，例如洋葱食品的制作、品尝	

名称	资源主要所在地	内　容	体验项目开发	备　注
牧羊人节	荷兰马克格罗宁	马克格罗宁为荷兰边境小城，节日在每年的八月二十四日。有体验价值的主要习俗：麦地赛跑：男女均可参赛，赛手穿民族服装，赤脚在满是扎人的麦茬的麦地里赛跑	有趣味的比赛，因此具有体验价值，可以在有麦地的地区推广，尤其是在农家乐旅游中开发	
赛鹿节	芬兰拉普地区	在每年的三月十五日，有体验价值的习俗：在冰冻的湖面驾鹿比赛、套鹿比赛等	可以在当地开发，也可移植到其他地方，但是活动内容要创新	
坐禅	佛教流行地	佛家通过坐禅来达到身心如一，以此领悟佛学，参禅人世，平静心态。对坐姿、气息、心念有严格的规定	有一定的体验价值，要适当改造，可以和老百姓的心理健康调节活动结合起来	要有专业的指导
忏悔	佛教流行地	忏悔者需衣着整洁，静穆地向佛行礼，然后忏悔，保证诚心改过，归依佛祖	有一定的体验价值，要适当改造，可以和老百姓的心理健康调节活动结合起来	要有专业的指导
闭关	佛教流行地	佛家弟子以此谢绝外来交往，自居一室，一心修炼，参禅悟性，通过反复参禅佛经来参禅人生	有一定的体验价值，要适当改造，可以和老百姓的心理健康调节活动结合起来	要有专业的指导

▌生活类体验资源

1. 饮食类体验资源

无疑，对于陌生而有趣的他族食物，大部分人有体验品味一把的兴趣。因而饮食类体验资源的开发极具商业价值且投资风险比较小。事实上，已经有人做这样的经营了，并且有的项目还在一定程度上把体验服务改性为日常的饮食服务了，例如在北京能吃到桂林米粉、兰州拉面，在美国湘菜馆可以吃到湘菜等。当然，这种体验经营的思维，在笔者看来在广度和深度上是远远不够的。

开发的主体，除了专门的体验服务提供商以外，餐馆、宾馆等可以将其作为兼营业务来参与开发。这又是体验经营思维的合理扩展。

这种饮食类体验资源可以在资源所在地开发，结合旅游业来进行，主要面向外地游客开放，也可以到外地开发。但是到外地开发一定要注意两个问题：一是保持该食品的正宗性，现在有很多的食品一到了外地就不正宗了。二是注意不要违反当地在饮食上的禁忌。

无论是在本地开发还是外地开发，均要注明该食品的制作材料、制作方法等信息，以帮助消费者正确决定是否适合参加体验。

这种体验资源被开发为体验项目之后，很容易由体验服务改性为普通的饮食服务，这也是体验服务提供商经营成功的上乘境界。

表8－3中对各种食物所用的"可口"、"好吃"等词汇均具有主观性，事实也许并非如此，因为这还和食用者的饮食习惯有关。

表8－3   **饮食类体验资源**

名　称	资源主要所在地	内　容
炸蚕蛹	中国东北	炸蚕蛹是东北特色食物，按传统方法将蚕蛹去壳，用味汁浸腌后放入油锅内炸至黑亮、饱满。其味松软嫩爽，香味独特，入口难忘，而且富含蛋白质，营养丰富
油炸蚂蚱	天　津	油炸蚂蚱是天津独有的风味小吃，制作方法：先将活蚂蚱的翅膀和大腿去掉，油锅烧至滚开时放入，炸至呈黄褐色时捞出。再将炸好的蚂蚱泡在备有酱油、醋、香油和切成丝的葱蒜的瓦盆里，捞两下即拿出来。其味肥而不腻，酥香而脆，如果夹在刚烙熟的热饼中吃更是满口异香

续表

名 称	资源主要所在地	内 容
蚁卵酱	中国傣族聚居地	傣族人民常将树上营巢的黄蚂蚁和黑蚂蚁所产的卵和番茄作为主要原料调制成蚁卵酱，味鲜香，略带辛辣，味美可口，且蚁卵富含高蛋白。此外，还有用蚁卵为原料的蚁卵蛋酥、清蒸蚁卵、蚁卵鲜汤等食品。傣族人还制作蛐蛐酱和蝉酱
药 饭	中国吉林等朝鲜族聚集区	吃药饭是朝鲜族上元节中的内容。所谓“药饭”，就是在糯米饭即将熟时，再加上大枣、柿饼、松仁、栗仁、蜂蜜和地瓜，以慢火焖熟后食用。当地俗谚“正月十五吃药饭，治病健身又消难”
生鱼片	日 本	用鲫鱼、沙丁鱼和墨斗鱼等做成生鱼片，再准备白萝卜丝、紫苏叶、海草以及芥末等作调料，以生鱼片拌佐料吃。生鱼片味道鲜美，富有营养
寿 司	日 本	即“日本饭团”，是一种带菜码或调料的大米饭团，种类很多。吃时蘸酱油，并佐以醋渍的生姜片
七草粥	日 本	七草粥是用荠菜、水芹、芜菁、鼠曲草、繁缕草、宝盖草、萝蔔等七种野草，加上大米熬制的粥，据说能治病消灾。现在因为很难找到这七种野草，因此人们往往用一些其他的青菜代替
茶 道	日 本	日本经典的茶道包含很多程序，非常讲究。例如“怀石”、“中立”、“御座人”和“点淡茶”
泡 菜	朝鲜和韩国	朝鲜族的泡菜味道可口，常食泡菜还可以增进食欲，促进蛋白质分解和吸收，使肠内微生物的分布趋于正常化
烤全羊	中国内蒙古、蒙古等	烤全羊是用二年左右的肥绵羯羊开内脏，用调料腌制腹腔，外面刷糖色和香油，风干后用铁链吊起放入烧好的烤炉内烤大约四五个小时。其色泽全红好看，皮酥脆，肉鲜嫩香。上桌时随带合页饼、葱段、黄酱、醋、蒜末等
手扒肉	蒙 古	手扒肉是把肥嫩绵羊去头蹄，将羊肉按骨节拆分，放在大锅里不加盐和其他调料清煮。食用时一手抓羊骨，一手拿蒙古刀剔下羊肉，蘸上佐料食用。一般老人吃羊大腿，肉嫩好嚼，青年人吃羊肋巴骨和脖子肉，小孩啃羊小腿，女宾吃肥嫩的羊脯肉

名　称	资源主要所在地	内　容
奶　茶	蒙　古	奶茶是蒙古的传统饮料，用牛奶和一种发酵的茶叶——砖茶做成，再加盐调味（也可放糖），奶和茶的比例根据个人喜好而定，一般使茶叶稍显黄色为佳。喝奶茶能帮助消暑，解腻，助消化
手抓饭	缅甸、泰国、印度等国	吃饭时，将米饭盛在盘子里，用手抓，饭后洗手。用手抓饭食用比较方便敏捷，别有趣味
竹筒饭	云南西双版纳等地	竹筒饭，用一节一节的新鲜嫩竹，将米放在竹节内加水焖熟即可食用。竹筒米饭带有竹子和稻米自身的清香，别具山情野趣
木鳖糯米饭	越　南	木鳖是一种蔬菜类植物，果实外皮带小刺，成熟时为红色，可食用。用木鳖的果汁拌的糯米饭看上去晶亮鲜红，味道微甘，并且有滋补作用
比卡纳	巴　西	巴西人最爱吃的一种烤肉，它肉质细嫩，含脂肪很少，烤得很鲜嫩，用刀一切还渗有血丝
瓜拉那饮料	巴　西	巴西的一种新饮料，来源于一种巴西特有的野生植物瓜拉那树。这种饮料能生津止渴，退火清热，而且是一种良好的补养品：可以提神健脑，防止动脉硬化，治疗神经痛及腹泻痢疾，还有强心和刺激性欲的功能。在一定程度上起着恢复青春、抗衰老和延年益寿的作用
干鲜奶酪	法　国	法国的干鲜奶酪世界闻名，其有"奶酪王国"之称，奶酪品种达 365 种之多，各具特色
比萨饼	意大利	意大利烤饼，源于那不勒斯，名扬世界。用面粉、番茄沙司、青椒、洋葱、虾仁和乳酪丝等做成，色鲜味浓，外焦里嫩，香气诱人
荷兰国菜	荷　兰	由胡萝卜、土豆和洋葱混合烹调而成的菜，别有味道，这种"杂烩菜"算不上美味佳肴，却是荷兰国民的"国菜"

名　称	资源主要所在地	内　容
丰狄	瑞　士	一种干奶酪，制法：用一只陶质平底浅边盆，先切一瓣蒜把盆底擦一遍。盆内放白葡萄酒加热。同时，将两种硬干酪（艾蒙塔尔和格里耶）一半兑一半擦成碎末放入热酒内，徐徐搅动，直至干酪溶入酒内，变成糊状。再加水淀粉一匙，"饭后樱桃酒"一小杯。最后放入一些新磨的胡椒面和豆蔻。用餐时，把切好的面包块用长勺子叉起，在"丰狄"盆中稍蘸，取出趁热食用
许勃利克	瑞　士	"许勃利克"肉肠在各式肉肠中独具特色，产于苏黎世近郊，是一种特大号的猪肉肠，堪称肉肠中的巨擘
青鱼拌马铃薯	瑞　典	青鱼拌马铃薯是多数瑞典人所偏爱的食物，马铃薯要嫩的，用一种叫蔚罗的植物配制
桔香味菜	中国江西	桔香味菜是利用鲜桔汁、鲜桔皮、干桔皮特有的芳香气味烹制菜肴，以达到去腥除膻，调和菜肴滋味，增香添色的作用。桔香味菜有"桔香狗肉"、"桔汁鱼"、"金桔粉蒸肠"、"桔皮鸡丝"、"桔味虾"等，均是利用鲜桔皮切丝去涩与执菜原料爆炒，特色新颖、风味别致，具有理气、化痰、健胃和降血压等药用功效，还能促进维生素 C 的吸收
桔汁拌鸭块	丹　麦	丹麦人喜好吃桔汁拌鸭块，据说这道菜通常是作为他们宴会席上压轴儿的佳肴
熏鳕鱼片	南　非	其味道近似火鸡却胜似火鸡，肉煮得又嫩又鲜，味道很不错

2. 服饰类体验资源

服饰类体验项目比较适合由旅游景点（尤其是少数民族地区的旅游景点）、民俗文化村、世界之窗公园、影视文化城、电视台之类的单位开发。例如在世界之窗公园的世界各地的建筑景点旁边出租该国或该民族的服饰，在影视文化城内出租古代的各种服饰等，体验者可以穿戴这些服饰照相留念，也可以一直穿戴着游玩至离开该景点。

服饰除了出租以外，还可以直接出售。那些体验兴趣比较大的，胆量大又喜欢张扬个性的消费者会乐意购买并穿戴展示。笔者在大学时曾看见一位男性外国友人挎着一个精致的苗族女性小包神采飞扬地在校园里走来走去，猜想他大概是在张家界旅游时买来的。

在一些大城市，也可以开设专门出售这种体验型服饰的商业机构。只要这种服饰在现代生活中不至于非常不方便，或太过于刺眼惹人闲话（这也和一个地区的文化包容度有关），便会有猎奇型消费者购买并穿戴展示，尤其是当这些服饰是各发达国家的服饰的时候。

当服饰被购买时，消费者的行为算体验行为还是日常消费行为呢？这要看他的打算和日后的实践：如果行为人打算并且日后确实经常使用该服饰，那么他的行为主要算日常消费行为；如果他后来体验了一段时间后没有经常使用，而是收藏起来了，或赠送给他人了，则应该算体验行为。

表8-4　　　　　　　　　　　　服饰类体验资源表[1]

名　称	资源主要所在地	资源的主要内容
秦　服	中　国	秦服趋于一致，服装颜色崇尚黑色。秦始皇规定的男服大礼服是上衣下裳同为黑色祭服，女服，秦始皇则喜欢宫中的嫔妃穿着漂亮华丽
汉　服	中　国	汉服贵族流行上下一体的深衣，男子头上披冠巾，女子流行椎髻
唐　服	中　国	唐朝服侍制度完备，皇帝和官员的服饰制度很严。唐服的特色是开放但不失端庄。女子服饰华丽大气，以半袖衫、轻薄披帛为时尚，酥胸微露的抹胸和裙子合为一体。发型名目繁多，多插花钗或小梳子
宋　服	中　国	宋服多袭唐代，更多借鉴了汉魏衣冠的风格。宋朝男装百姓多穿交领或圆领的长袍，衣服一般是黑白两种颜色；宋代女装是上身穿窄袖短衣，下身穿长裙，通常在上衣外面再穿一件对襟长袖小褙子，很像现在的背心，褙子的领口和前襟都绣上美丽的花边

---

① 钟敬文主编：《中国礼仪全书》，安徽科学技术出版社2000年版，第40～57页。

名 称	资源主要所在地	资源的主要内容
元 服	中 国	男女服装相似，都穿长袍。早期衣服流行右衽交领，后来流行高领口。衣服大，长拖地。妇女穿敞口而宽阔的披肩，青年妇女则穿男式衣服。蒙古平民头戴各色扁帽，帽缘稍鼓起
明 服	中 国	明服多遵照唐宋的制度，女装流行上穿竖领、大袖、对襟袄，下着长裙，以披云肩及比甲为时尚
清 服	中 国	男装一般为长衫马褂并留长辫，女子穿旗袍，外罩马甲，足蹬花盆鞋
近现代服装	中 国	中国在近现代涌现了许多新潮的、中西合璧风格的服装。男子有中山装，女子爱穿旗袍，女学生流行短衣短裙
藏 服	中国藏族聚居地	农区男子一般穿黑白氆氇或哔叽藏袍，外束色布或绸子腰带。妇女藏袍用料同男装，内衬各色绸衫，腰前围横条"帮典"。牧区男子多穿肥大宽袖的皮袍，大襟等处镶平绒或毛呢，外束腰带；妇女也穿皮袍，皮袍以"围裙"料和红、蓝、绿色呢镶宽边，美观漂亮。脚蹬藏靴。男女喜欢佩戴用珠宝、金银等制作的精美首饰
苗 服	中国苗族聚居地	苗族服饰中的银饰在各民族中首屈一指，多用于头、颈、胸及手。服饰在用料、花纹、颜色、款式、刺绣等方面都别具特色，服装华丽端庄。妇女的头饰式样繁多
朝鲜服	中国东北、朝鲜、韩国等	主要特色为服饰淡化腰部的"细"，将腰束位置向上提升。鞋子有木屐、草履、草鞋和麻鞋。男子有戴笠的习惯，现已不流行
维吾尔族服	中国、哈萨克斯坦等国	女子服饰色彩艳丽，以黄色及相近色为主，一般为宽袖连衣裙，喜佩戴耳环、戒指、手镯、项链等。男子一般是绣花衬衣，外套斜领、无纽扣的裕袢，扎方形腰带。维吾尔族的手工刺绣很有特色。男女均爱戴四楞小花帽
壮族服	广西等壮族聚居地	男子一般着黑色唐装，上衣短领对襟，缝一排布结纽扣。穿宽大裤，短及膝下，有的缠绑腿，扎头巾。女戴黑头巾，着藏青或深蓝色短领右衽偏襟上衣，有的在颈口、袖口、襟底均绣有彩色花边。下穿宽肥黑裤，有的于裤脚沿口镶二道异色彩条，腰扎围裙

续表

名　　称	资源主要所在地	资源的主要内容
哈萨克族服	中国、哈萨克斯坦等国	男子服饰大都宽大而结实，主要用牲畜皮毛做成，冬季放牧戴上"吐马克"皮帽。牧民们外出穿带布面或条绒面的大衣，既轻巧又暖和。姑娘婚前打扮得比较艳丽，喜穿紫红色连衣裙、黑色和紫红色的坎肩，坎肩胸前缀满彩色扣子、银饰等装饰品。婚后妇女的装饰朴素一些，仍穿花色连衣裙和坎肩，不过胸前不戴任何装饰品。到了中年以后头上要戴头巾。哈萨克族的头饰也很丰富
高山族服	台湾等高山族聚居地	男子穿披肩、背心、短裤，包头巾，裹腿布。妇女着有袖或无袖短上衣及自肩向腋下斜披的偏衫，带围裙，着裤子或裙子。妇女在衣襟、衣袖、头巾和围裙上装饰精美刺绣。还有贝壳、兽骨等磨制的各种装饰品
和　　服	日　　本	源于唐服，宽大舒适，端庄文雅，种类繁多，因性别、年龄及场合等而异。女式和服色彩花纹或雍容华贵，或淡雅别致，背后有一个方正的"背包"，由宽腰带结扎而成
阿拉伯服	伊朗等国	主要特色是以黑色为主，女子包裹严实，常披面纱和披巾
西　　服	大部分现代国家	缘于西方国家，现在在国际上普遍流行。但在一些传统国家仍然有体验价值
绅士帽	英　　国	很有文化特色，英国特有。硬胎圆顶呢帽，通常为黑色。过去老一代绅士名流都戴它，现在仍然偶尔在伦敦街头碰到

3. 居住类体验资源

居住类体验项目适合由拥有该类体验资源的旅游景点、民俗文化村、世界之窗公园、影视文化城和宾馆（尤其是旅游区或疗养区的宾馆）之类的单位开发。例如，在北京郊区建古香古色的四合院做宾馆，在湘西张家界建吊脚楼做宾馆，同时提供住宿服务和体验服务，相信很多外国游客甚至国内的外地游客都愿意体验。

这种体验服务要像模像样，因此建筑外部和内部的设计要遵守传统风格；但是也要适当照顾体验者的方便。举例说，北京四合院的房屋和院落按南北纵轴线对称布置，分内外院，内院北面正房供长辈居住，东西厢房供晚辈居住，那么在安排顾客住宿时仍然要尽量依照这一风俗（尤其是来的一群顾客中有长辈和晚辈时），并告诉顾客其中的"奥妙"；湖南湘西苗族的吊脚楼楼下是用来堆放杂物或作牲口圈的，那么作为体验项目，吊脚楼的这一设计就要改造；一些比较落后的民居则要安装上电灯、空调等现代设备。此外，任何体验用的民居都要符合安全要求，例如安装应急指示灯，装备消防器材等。

据报道，日本的传统旅馆原来因为希望外国人也和日本人一样严格遵循旅馆内的传统习俗，甚至有的旅馆主人只会说日语，所以长期以来外国游客全被拒之门外。而最近情况发生了变化，日本传统式旅馆对外国游客更加开放，服务更加人性化，因此外国消费者也越来越多。①

大城市的宾馆也可以直接将住宿服务和体验服务结合起来混合经营。如果一位顾客用同样的价钱或者是稍高一点的价钱能同时享受到住宿服务和体验服务，满足一下自己的猎奇和体验心理，很多消费者是愿意的。因此很有可能这种宾馆的客流量要比周围的普通宾馆更大一些。

但是，这种有体验价值的民居基本上都不是高楼大厦型的，因此它无法接纳很多的顾客，同时也比较"浪费"城市的地皮，所以在政府审批时可能会比较麻烦。因此，它们可能适合建在郊区或接近郊区的地方，定位为高档宾馆（如果地价不高可以多建几座，连为一体）。这种作为高级宾馆的民居既需要又可以被绿荫笼罩。

很多具有体验价值的民居，像湖南湘西吊脚楼、日本和式住宅等设计成宾馆后，还可以开连锁分店，因为这种体验服务适合移植到外地，很容易引起大家的体验兴趣。同时，还可以把和该民族有关的饮食体验服务、服饰体验服务等综合起来经营。

---

① 资料来源：人民日报社新闻信息中心网站（http://www.snweb.com/gb/xxdk/2004/35/a3501040.htm）。

表 8 - 5　　　　　　　　　　　居住类体验资源表

名称	资源主要所在地	资源内容	开　发
四合院	中国北京及华北地区	房屋和院落按南北纵轴线对称布置，分内外院，内院北面正房供长辈居住，东西厢房供晚辈居住，周围以走廊联系，正房左右附有耳房和小跨院，设厨房、杂屋和厕所等	
客家围楼	中国福建客家聚居地	四面建有高大厚实的围墙环绕，四角建角楼，墙壁上下布满圆形或其他形状的瞭望孔和射击孔，以便监视内外动态和攻守。围楼心脏是供奉祖先灵位的正堂，也叫祖堂，也是进行重要的祭祀和红白喜事等公共活动的场所。围楼可住 70 ~ 500 人，由此产生的人际关系、社会形态独具特点	可能不太适合移植到大城市去
窑洞	中国西北、华北地区	在黄土高原的黄土中凿出的房屋，有的在垂直的崖面开凿，有的在平坦的地面上开凿。用砖石等加以巩固。窑洞冬暖夏凉，舒爽宜人	加以合理的现代化设备
一颗印	中国陕西、安徽、云南等地	以云南最为流行，围绕中心的天井布置房屋，北面正房大都为三间，东西两侧为厢房，南面为厅房，也是大门所在。东西南北房屋全部相连围合，既防风又防日晒。外观犹如中国的印鉴，故得此名	
蒙古包	中国内蒙古等地	由木栅栏和白毛毡围成圆形，一般直径 4.5 米，高 4 米，分移动和固定的两种。开有一扇小门，圆形顶棚上开有天窗，用可移动的毛毡充当"玻璃"的功能。包内正中放炉灶，烟囱直通包顶	可以移植到很多的公园和游乐园
竹楼	云南等傣族聚居地	以数十根竹子支撑，离地约七八尺处铺以楼板或竹篾，顶上盖以茅草编织的草排。楼下养牲畜、存储货物、舂米等，楼上则住人。房屋用木板或竹篾编成	可以移植到城市，还可以连锁经营

名称	资源主要所在地	资源内容	开 发
吊脚楼	湖南湘西等苗族聚居地	一般建在斜坡地段，有两三层阶梯的坡地上。分两层或三层，最上层很矮，只放粮食不住人，楼下堆放杂物或作牲口圈。其余多为平房，一般以竹编泥糊作壁，以草作顶	可以移植到城市，还可以连锁经营
仙人柱	中国北方	鄂温克族等民族的建筑形式。用木杆搭架，直径大小不一，高约3米，呈伞状的圆锥体，夏季以芦苇帘、白桦皮覆盖，冬季以狍皮围盖	可以作为野游体验中的项目
雕房	西藏、青海、甘肃和四川等地	藏族和羌族的住宅形式。雕房为平顶，多倚山而建，以石砌墙，砌得平整整齐。这种房子外观朴实平稳，保温性能非常好。有的顶楼带石板阳台，可以登台远眺	可以移植到城市作为小型的宾馆
和式住宅	日 本	主要是木结构、瓦片屋顶，用隔扇和位窗隔开房屋，房内铺设榻榻米（相当于地毯）。和式住宅具有防潮、防震和防风功能	可以移植到城市作为小型的宾馆。日本现在有许多传统式的旅馆，提供体验服务
长房	云南基诺族聚居地	长房为长方形，是一种大型住宅，供较多的人共同居住。一座长房设一位家长，长房成员不可随便迁出迁入。长房中间的走廊上排列着火塘，供各家烹调用。长房发源于原始氏族公社时期	不适合移植到大城市，但可建于城郊
长屋	马来西亚	长屋很长，几户至几百户连在一起，设有户长。地板离地数尺，可以防潮和蛇鼠侵害，门口有梯子。墙和地板用木质材料建成	不适合移植到大城市，但可建于城郊
高脚竹楼	缅 甸	竹木结构，两层楼房，上层住人，下层养牲畜。因为据说是仿照诸葛亮的帽子建造的，因此又叫"诸葛帽式楼"	可以移植到城市，还可以连锁经营

名称	资源主要所在地	资源内容	开　发
高脚屋	老挝	住房搭在距地面约1米高的架子上，可以减少野兽侵害，屋顶两侧高高地向上翘起，便于雨水倾泻和通风纳凉	可以移植到城市，还可以连锁经营
雪屋	加拿大因纽特人聚居地	因纽特人用冰砖砌成的房屋。用雪砖立在地上围起一圈作为地基，再一层层地将雪砖垒砌起来，每层雪砖都要向里倾斜，一层层往里收，封顶后形成一个半球形的雪屋。床和桌子都是用雪堆砌起来的，上面铺着海豹皮	基本上无法移植外地
古堡旅馆	西班牙	这种古堡式旅馆从外观到室内都十分注意保持古风。旅馆的建筑和内部设置都尽可能地要有古代色彩，并且出租盔甲、毛驴、马车等古代物品和工具。内部有现代化的电器设备和家具	可以移植，还可以连锁经营
石洞旅馆	希腊	在希腊双托林岛上，面朝大海，在群山的围绕中，每个穹隆的石洞都自成一体，既有供人歇息的小庭院，也有供人沐浴阳光的"太平台"，并装有现代化设备	可以移植到适合凿石洞的旅游区
水上茅屋	贝宁	在贝宁南部名城科托努附近的水上村庄——冈维埃，茅草屋屹立在高出水面一米多密密麻麻的木桩上，内部设备简陋，居民出门串户或赶集都要乘船。水上茅屋对游客开放	如果要开发，需要提高茅屋的档次和文化品位

4. 交通类体验资源

很早的时候就有很多公园提供体验骑马以及照相的服务了，云南等地的旅游业也很早地知道了开发提供体验骑象的服务，这些都是体验服务，只不过很多经营者没有意识到。

事实上，很多交通类的体验服务可以开发出来，只要你有足够的创意。表8-6展示这些资源。

交通类体验项目一般都要注意体验者的安全。

图 8.1　体验骑大象

表 8 − 6　　　　　　　　　　　交通类体验资源表

名称	资源主要所在地	资源内容	开　发
大象、骆驼、马、驴、驯鹿等	中国云南等地	骑着大象、骆驼、马、驴子、驯鹿、梅花鹿、牦牛等行走具有非常吸引人的体验价值，尤其对于小孩子和女性来说	以上品种全部整合在一起开发更具有商业价值，注意体验者的安全
栈道	中国四川等地	凿在悬崖上的道路，极其惊险。一般是在石崖上凿孔，在孔内插入横木或石条，再在横木或石条上排放檩条和木板，外边加护栏	注意体验者的安全
竹筏	世界各地	竹筏	注意体验者的安全
乌篷船	中国浙江绍兴	船身窄，船沿较高，船篷低并漆成黑色，配上舱窗上的白色窗帘，黑白相映，相当雅致。舱窗一般为八扇，四扇为活动的。船舱内铺有红漆船板，上铺席子，备有清制枕头。船体轻盈，在构造上非常有讲究	

续表

名称	资源主要所在地	资源内容	开发
雪橇	中国东北等地	有狗拉雪橇和牛马雪橇等,是冰寒地区雪地中的交通工具。有刹车工具,指挥拖拉动物的工具	
溜索	中国西南地区	竹篾制成,西南少数民族地区的一种交通工具。一般设置在两山对峙、江面较窄之处。将长达百米的溜索固定于两山之间,溜索上有硬木制的溜梆,靠溜索的抛物线形状以重力和人力过江	注意事先的指导和体验者的安全
竹索桥	中国羌族地区	在江上同时架起几根粗大的竹索,索上铺以木板,两旁另架几根竹索作栏杆。著名的威州大索桥相传建于唐代	
草筏	秘鲁和玻利维亚	居住在两国接壤处安第斯山脉中的乌罗族人的水上交通工具。用香蒲草捆扎成,小巧玲珑,和湖面浑然一体,倍感自然	
树皮船等	澳大利亚	澳大利亚土人或用整张树皮制成,船较小;或用几块树皮和植物做的细绳缝制而成,接口处涂上树脂或蜂蜜,船底部扁平,空间较大。还有用几捆树皮捆制而成的树皮筏	已被当地旅游开发
战斗机等	各国	战斗机、直升机、潜艇、宇宙飞船等交通工具也具有很大的体验价值	不开放的话,战斗机可以采用退役的
飞艇	各国	最好是经过适当改造,或专门用于游览观光的飞艇,拥有装饰得华丽浪漫的吊篮(鲜花,树枝,望远镜,漂亮的栏杆)。软式飞艇和半硬式飞艇更佳,因为比较浪漫。和飞机相比,飞艇更有悬浮在空中的感觉,高度也不高,噪声小,因此具有不凡的体验吸引力	

名称	资源主要 所在地	资源内容	开　发
滑翔伞	各　国	英文名 PARA-GLIDER，这种将跳伞"PARA"和滑翔"GLIDER"两种极具浪漫色彩的功能相结合的运动/交通工具，具有与生俱来的体验吸引力。滑翔伞由伞衣、伞绳、吊带等组成，要求有一定的技术和经验。滑翔者从高山（高处）滑翔而下，可以俯视天下。随着民众的素质日益提高，技术瓶颈自然迎刃而解，这种体验消费需求自然会增长①	安全性有待改进。② 并需要有专门的护卫措施
水上摩托	各　国	水上摩托车，是在水上跑的摩托车，又是水上的超级跑车。以喷射水流作为动力，替代轮胎驱动。属动力船具，而非无动力水中运动项目。由于水上摩托行进速度快，因而具有体验价值	
水上自行车	各　国	因为在水上，故具有体验价值，但体验价值不大	

---

① 已经有单位提供这样的体验服务了。据新华社报道，山东省济南锦云川景区向游客提供的"极限婚礼"服务中，有一项就是由新婚夫妇乘滑翔伞比翼双飞，此外还有乘溜索会合等项目。参见《新人举办极限婚礼乘滑翔机比翼双飞》，腾讯网站（http://lady.qq.com/a/20060504/000009.htm）。

② 上海杨浦区共青森林公园也有滑翔项目，安全性比较好，滑翔伞上方套在粗大的铁丝作为保险措施。资料来源：昆山生活网（http://eat.kslive.cn/pic/36030）。

展望体验业的未来

在笔者 2006 年写本书之前，社会上已经存在一些体验服务。让笔者高兴的是，从笔者 2006 年写本书开始至今，社会上涌现出来的各种体验服务越来越多，也给人们带来越来越多的启迪。包括儿童职业体验馆、潜水体验、激光镭射野战体验、陶瓷制作体验、传统婚礼体验等等，发展非常迅速，有的甚至可以称得上迅猛。

但是，这些体验服务总量的规模还较小，涵盖的内容还比较狭窄，尚未形成真正的体验产业。

最为关键的是，这些服务缺乏系统的理论作为其发展的精神支持。据笔者观察，有一小部分体验服务可能是受阿尔文·托夫勒理论、派吉理论、边四光理论的启发而产生的，而大部分体验服务则是自发产生的，就像古代的体验服务一样。

诚如前文所说，古代有李白这样的旅游者，却没有旅游业；古代有花匠、卖花女，却没有花卉业。而现在，旅游业、花卉业都有了，甚至像海南省这样的地方其旅游业占 GDP 的比重还非常大。这样的案例举不胜举，不一而足。

因此，笔者认为，谁能抓住先机，谁就能成为这个新兴产业的领跑者、推动者、获利者。而航空业、报业、影视业、广告业、会展产业、互联网业（包括网络搜索业、网购业）、物流业这样的产业无一不是新兴而迅速崛起的朝阳产业，从而也造就了冯·诺依曼、比尔·盖茨、马云、马化腾、李彦宏这样一大

图 8.2 游客在安徽黄山唐模村体验磨豆腐

批成功者。

笔者希望能有一批有识之士，看到体验业的价值与潜力所在，大力推动我国乃至全世界的体验服务迅速发展，成长为一个真正的产业，既造福人们，也成就自己。

中国历史悠久、地域广阔、科技发达，因此中国的体验资源非常丰富，无论是文化类、地理类还是科技类体验资源都是如此。

我国在体验消费能力方面潜力巨大，不仅是因为我国人口众多，而且更为重要的是，是我们的父母特别重视教育以及对子女的培养，舍得在下一代身上花钱。

因此，笔者认为，我国应该努力成为世界范围内的体验业发展的领头羊，我们有这个潜力也有这个能力。

尤为可喜的是，2011 年 10 月 18 日，中国共产党第十七届中央委员会第六次全体会议通过了《中共中央关于深化文化体制改革推动社会主义文化大发展大繁荣若干重大问题的决定》，这对我们发展体验业创造了大好的时代机遇。

天时地利已有，只待人和。时不我待，我们应该尽早出发！

Experience industry

部分体验企业的创业方案

演艺体验企业创业方案

名　称：×××演艺体验服务股份有限公司

产品/服务：

1. 核心产品/服务

为消费者提供体验演艺比较简单的剧情的（5～40分钟）服务（尤其是结合当前热播影视剧情节开发新的体验剧情服务），并赠送消费者演艺过程的录像制品。

2. 扩展性产品/服务：

（1）提供剧照；

（2）出售或赠送体验者穿过的剧服、戴过的首饰、佩带的宝剑以及其他适合出售或赠送的有趣精美的道具；

（3）出售公司其他有趣的道具和非道具，例如各个朝代或国家的服饰，各种小的玩具和家具，等等；

（4）提供演艺技术、摄像摄影技术、多媒体产品制作技术和化妆技术等相关技术的培训；

（5）充分利用公司的人员、场地和设备，承办各种有趣的婚礼，提供婚礼体验服务，提供有特色的婚纱摄影服务；

（6）提供观看各种惊险、经典或难度比较大的表演的展览；

（7）其他。

详细描述：

1. 公司的装备

公司需要提供演艺简单剧情所需的场地、道具、摄像器材、剧本，以及其他演员、导演、摄影师、化妆师等工作人员。

剧本所包含的剧情应该是比较简单的，时间比较短，而不是气势恢宏、消耗巨大的，建议提供的剧本最终制成音像制品后的播放时间为 5～40 分钟。剧本应该有多种风格，例如缠绵婉约与坚韧刚强，悲剧与喜剧，辉煌与没落等等，应当偏重于人们喜闻乐见的比较喜庆一些的题材，但也给追求个性和真正艺术的人留下空间。剧本内容要有一个主角的、两个主角的、三个主角的等等，要有同学戏、夫妻戏、父子戏等等，以便满足体验者的各种不同的需求。譬如说有些是夫妻一起来体验的，他们自然很可能希望体验夫妻戏。尤其要结合当前热播影视剧的情节，及时开发新的体验剧情服务，并通过广告宣传出去。公司还应当尽量提供耗资耗物少、所需配角比较少的剧本，对环境没有污染的，不带色情的但是巧妙利用"男女搭配，干活不累"原则的，总之尽量降低成本和不损害公共利益与公共道德。

公司根据剧本内容来配置场地、道具等设施，根据剧本内容来培训导演、摄影师、化妆师和其他配角等等。

2. 交易流程

公司和消费者的交易流程大致如下。

第一步，公司提供各种产品/服务的选择方案。公司通过网站、书面材料等向顾客介绍每个剧本的剧情内容、价格、对体验者的具体要求、所面临的可能性风险、公司的优惠政策和赠送品等等。

第二步，由消费者选择产品/服务并达成协议。消费者根据自己的爱好、经济承受能力和体验人数等来决定选择哪一个剧本或哪几个剧本，以及服务中的其他细节，并和公司达成交易协议。

第三步，公司开始为体验服务准备场地、道具和服务的工作人员，并向体验者详细介绍剧情、表演的要求，并提供专业指导。

第四步，体验者和工作人员在导演的指挥下实施体验行为，由体验者以及公司提供的配角共同演绎某一剧情，摄影师和摄像师为其记录体验成果。

第五步，导演为其总结表现，公司向其提供摄像制品和剧照，赠送一些道具等，消费者选择购买某些道具等。

第六步，消费者付费。

市场描述：

1. 主要消费群

经济收入较高，接受能力比较强，性格比较开放，乐于体验新鲜时尚事物的消费者，一般为年轻人。其中，年轻的夫妇（或一家人）、恋人、大学生、白领人士消费的可能性比较大。

在中国，沿海一带的发达省份，台湾、海南、香港和澳门，中部省份的重大城市和西部省份的省会城市的消费需求比较大；在国外，发达国家和比较富裕的国家的这种体验需求比较大。

在节假日，这种体验需求要比平日大。

2. 投资项目

（1）演艺所需的场地及场地所必备的设施；

（2）演艺所需的各种道具，以及用于出售的道具和其他物品；

（3）聘请导演、摄影摄像师、化妆师、灯光师等工作人员；

（4）企业常规的办公设备和办公人员，如办公用品、车辆、仓库，财会人员、管理人员、后勤服务人员等；

（5）广告费用；

（6）其他。

3. 主要风险

融资风险：银行或社会对新产业的怀疑，这对处于新生中或处于产业发展困难时期的企业是一个很大的打击；

广告风险：煽情和炒作（合理的）不足以说服观众参与进来，并在社会上形成新时尚；

安全风险：由于安全措施的失误，在演艺过程中体验者的安全受到损害；

交易难以完成：体验者对表演的结果不满意并将之归罪于公司方面的责任，屡屡要求重演，公司则要求体验者为重演付费。

延伸阅读　　　　　　　**无锡影视基地开展 DV 体验游**①

2007 年暑假，为丰富学生的暑期生活，让其进一步了解中国深厚的传统文化，江苏省无锡影视基地推出了以"精彩故事你主演"为主题的 DV 体验游，让游客在参观的同时，也可以拍一场戏、当一回演员。

在此次活动中，无锡影视基地派出优秀的拍摄人员全程跟踪拍摄，并进行专业的后期制作剪辑。原创剧本《桃园结义》、《格格逗公子》等故事情节幽默风趣，知识丰富，是专门针对学生群体而编排的。同学们可以自由组成 20～40 人的队伍，分别在剧中担任不同的角色。拍摄前导演会进行专业知识的讲解，拍摄时间约为 3 个小时，活动结束后每人将会得到一盘 VCD 纪念版。同学们在轻松愉快的拍摄过程中，可以充分发挥自己的表演才能，在快乐中增加对影视知识的了解，在娱乐中增进同学之间的友情。

---

① 笔者仅查阅到该新闻，在无锡影视基地官方网站没有查阅到相关信息，可能该基地后来没有继续提供该服务。资料来源：人民网（http://su.people.com.cn/GB/channel241/297/200706/27/1769.html）。

浙江桐庐三人行拓展训练有限公司提供影视剧情表演体验①

桐庐三人行拓展训练有限公司是浙江省杭州的一个拓展训练公司，影视剧情表演体验服务是他们新推出的服务项目，他们把它当做是拓展训练项目的一种，主要提供团体服务，目前不接受散客。根据其官方网站介绍，在该服务中，编导老师为每位学员量身定做人物角色，学员在编导老师的指导下，参观、考察基地景点，选定主题，学习剧本剧情，模拟表演，从而体验演艺表演，体验演员职业与生活。

他们的商业口号是：超强的娱乐互动，专业的影视片场，轻松的拍戏氛围，演员 & 观众的角色交错换位，在快乐中了解影视，娱乐中增进友谊，互动中增强能力。

根据其官方网站介绍，该基地目前可以在以下景区或基地提供以下剧目的体验服务：

上海、江浙风景区（1~2 天），根据场地和剧本，拍摄现代剧……

剧目：《奋斗》《青春世博》《穿越时空：从五四运动到青春世博》等。

上海车墩影视基地（1~2 天），老上海 20 世纪 30 年代风情景点，浓缩了老上海的精华，有外白渡、百乐门里弄民居等景点，有轨列车穿梭其中，仿佛穿越时空隧道……

剧目：《我的 1919》《我的 1949》《上海滩》《情深深雨蒙蒙》等。

浙江横店影视基地（2 天），全球规模最大的综合性影视基地，包括广州街、香港街、明清宫苑、秦王宫、清明上河图、江南水乡等 12 个景点，具有丰富的历史人文气息……

① 资料来源：桐庐三人行拓展训练有限公司网站网页（http://www.tlsrx.com/cn/shownews.asp?id=28）。

剧目:《格格出嫁》《唐伯虎点秋香》《大清招婿》等。

江苏无锡影视基地（2 天），影视文化与旅游文化完美结合的主题景区，主要有三国城、水浒城和唐城……

剧目:《赤壁后传》《大唐外传》《水浒外传》等。

他们收取的项目费用包含编导、剧本、摄像、道具、服装、后期制作、光盘、保险。

交通、住宿、门票、场地、餐饮、奖品等相关费用另计。

乡村生活体验企业创业方案

名称: ××××乡村生活体验服务(连锁)股份有限公司

产品/服务:

1. 核心产品/服务

为消费者提供体验乡村生活的服务,主要包括:A. 学习型体验服务:农作物识别、家禽家兽识别、农具识别、健康饮食养生的相关知识、乡村农业劳动体验等;B. 娱乐型体验:钓鱼、采摘果实、吃农家饭、看露天电影等。

2. 扩展性产品/服务

(1) 为各级学校、培训机构等教育机构提供劳动实践、素质教育教学基地和合作教学的服务;

(2) 为消费者举办农业常识讲座、饮食健康养生讲座等信息服务;

(3) 兼营旅游性质(完全不属于体验业)的服务项目,如荷塘一日游之类的;

(4) 提供农产品给农贸市场,或直接赠送、销售给体验消费者;

(5) 承接举办交友活动、婚介活动,成为摄影基地等其他服务。

属性:本地型体验业 工作/生活/文化民俗体验业 学习型/娱乐型/增加阅历型体验业

详细描述:

1. 公司的装备

公司需要提供体验农家生活所需要的场地(包括菜园、果园和池塘等)、农

图9.1　体验插秧等乡村生活

作物、果树、农具、农业技术人员和体验项目指导人员、农产品加工设备和存储仓库、农用运输车（池塘所需的船只）等等。

　　将这些装备有机结合起来，并按项目需要在公司的农场内合理布局。例如，可以将和农作物有关的集中在菜园，体验者可以在菜园内体验锄草、挖土、采摘蔬菜等农业劳动，也可以在指导人员的指认下识别各种农作物以及种植无害绿色蔬菜的知识等。菜园旁边可以紧挨着果园，果园中央或旁边设置一个池塘，池塘中种植荷花、茭笋和芦苇之类的植物。

　　公司的装备中非常重要的是农业技术人员和体验指导人员，他们不能是普通的农民，而必须是有着农业专业知识和技术，掌握基本的商业常识的人才，体验指导人员还应该有着娴熟的服务技巧。他们既能专业地指导体验者体验劳动，传授一些相关的食品健康知识和农业知识，并随时防止锄草之类的劳动中出现安全事故；还能和体验者一起在劳动中有效地互动，陪其聊天，为其减压，创造愉快的氛围。

2. 交易流程

公司和消费者的交易流程大致如下。

（1）对于预订者来说：

第一步，公司按每一个体验项目内容的不同确定价格，并为不同的消费群制定不同的消费套餐。例如，为小学生制定的套餐主要是劳动强度小或没有劳动的体验项目的组合，诸如识别活动和娱乐性活动，价格也比较便宜；针对中学生而制定的套餐则可以增加一些劳动强度大的项目，诸如锄草、挖土、挑水之类的。

公司还要制定优惠政策，例如团体上的优惠和节假日的优惠。

第二步，公司通过各种途径发布广告。

第三步，各种消费者（个人或团体）向公司预订某种消费套餐。

第四步，公司为预订的服务做好准备。

第五步，消费者前往公司的体验场地——农场，公司为其发放门票，包括总的门票和各个体验项目的门票。消费者凭门票进入各个体验地点消费，中间还可以享受公司按照公司政策和消费合同提供的午餐、休息餐（水果、牛奶、烤红薯、煮花生之类的）。

第六步，每一个项目体验完毕，各体验负责人员按照公司政策和消费合同向消费者赠送农产品（苹果、板栗之类）和科普小册子等。

第七步，全部项目体验完毕，消费者离开农场。

经过双方协商，预订消费者也可以更改预订的服务内容，增加或减少体验项目。

（2）对于非预订者来说：

和预订者不同的是，非预订消费者（个人或团体）在农场入口处可以自由选择各种体验项目并购买门票，然后进入各个项目的地点逐一体验。非预订者更多的是非团体消费者，因此所享受的优惠也比较少。

市场描述：

1. 主要消费群

生活在城市中的小学生、中学生、大学生。他们是由学校组织的团体消费的主要消费者。

除了学校组织的以外，很多关心子女健康和全面成长的家长也愿意在周末和节假日带领子女前往体验，以改善子女的知识结构和人生观，增加其农业和饮食方面的知识，培养其勤劳、节俭等品性，并开阔视野。因此，家庭消费是小团体消费的主要形式。很多家庭还可能会和邻居家庭、同事家庭和亲友家庭结伴前往，或者一户家庭消费完毕会对邻居家庭、同事家庭和亲友家庭产生重大的广告效应。因此，公司针对此情况应做好优惠政策的制定，以及做好营销和宣传工作（前文提到的重视消费者的人际传播）。

2. 投资项目

（1）占地面积较大的农场；

（2）布局科学合理的菜园、果园、池塘、养殖场、水田/旱地等（根据连锁的分支机构所在地域设置）以及所必需的农作物、果树、动物（鱼、鸡、鸭、鹅、狗、猪等）、灌溉设施、建筑等。农作物和动物等同时也是收益；

（3）专业的农业技术人员和体验服务人员；

（4）现代农业机械，包括农用运输工具、播种机、犁田机、收割机等；

（5）维持农场运转的消耗品，如化肥，农药，饲料，机械所需的汽油、柴油等、种子，农具等；

（6）维持公司运转的一般性投资，如办公费用、公关费用、广告费用、工资等；

（7）其他。

3. 主要风险

（1）融资风险：银行或社会对新产业的怀疑，这对处于新生中或处于产业发展困难时期的企业是一个很大的打击；

（2）广告风险：煽情和炒作（合理的）不足以说服观众参与进来，并在社会上形成新的消费时尚；

（3）安全风险：由于安全措施的失误，在体验过程中体验者的安全屡屡受到损害；

（4）自然风险：由于天气的缘故，例如持续性的下雨、炎热天气等，导致消费需求大量下降，影响公司的正常盈利；

（5）其他。

延伸阅读 **香港绿田园农场提供农务生活体验**[①]

香港绿田园基金于 1988 年成立，其下属农场位于新界粉岭鹤薮村，占地约 20 万平方尺，提供农地给租用者自耕，并提供农务体验营、农耕半日营、绿色之旅等多项活动，让人们能在大都会体验农家劳动生活，享受田野之乐。

绿田园基金提供的活动包括田务耕种体验，如插秧、锄草、翻土、播种等。此外，还有焗面包、再造纸等。

其中，绿色之旅的田务实习让参加者亲身体验到有机耕种的滋味。参加者在导师带领下学习如何务农，开始时要先锄松泥土，再清除杂草、翻土，用耙扫平泥土，才能够开始播种。导师会教导和解释每一个步骤的重要性。除了田务实习外，绿色之旅可让参加者尝试焗制面包。制作过程并不困难，但活动背后却希望带出一些信息。坊间店铺售卖的面包，大多用了非天然的色素和材料，有时更为了节省成本和时间而采用非天然酵母或防腐剂，给健康带来潜在危机。

该基金希望参加的青少年通过这些活动知道耕种的实际情况，明白"粒粒皆辛苦"的道理以及接受环保、绿色的理念。

根据绿田园基金网站提供的资料，该农场每年平均服务接近 400 个团体。自农场开始至今，已有约 50 万人次参加过绿田园基金举办的活动。其曾协助约 60 个学校、社区中心及屋苑建立社区园圃，并提供季刊《稻草人》《香港有机指南》等刊物。

---

① 资料来源：笔者根据该农场官方网站信息编辑整理（http://www.producegreen.org.hk）。

东京银座出现水田 学生体验农活插秧①

中新网 2009 年 5 月 30 日电　高级品牌店标立的东京银座日前出现了水田。"在银座种大米 2009"活动 30 日正式拉开帷幕。

据日本共同社报道，东京都中央区的约 40 名小学生接受农家的指导，在招租的空地上种植无农药残留的"越光"大米，享受种田的乐趣。孩子们做着不习惯的农活，弄得满身是泥，却开心地欢笑着。

图 9.2　学生体验水田播秧

水田由活动主办方"银座农园"公司提供。约 30 平方米的部分空地被围成圆形，铺上防水布，堆满冲积土蓄水。"银座农园"社长饭村一树（34 岁）说，为了让城市的消费者切身体会到种大米的感受企划了该活动。

饭村说服原计划将约 100 平方米空地用做停车场的土地所有人，在收获前的一段时间内出借给他。收获的大米计划发给当地的小学生和商店。

---

① 资料来源：网易网（http：//news. 163. com/09/0530/17/5AJ0FU3G00011229. html）。

野外生存体验企业创业方案

名称：××××野外生存体验服务（连锁）股份有限公司

产品/服务：

1. 核心产品/服务

为消费者提供野外生存培训，传授野外生存知识，并在严格的监护下为消费者提供野外生存体验服务。这些野外生存项目包括：

（1）吃：采集野果、树叶和无毒菌类等可食用生物，野外生火、做饭等，食物中毒的基本常识以及救护等；

（2）穿：野外取暖的方法，防中暑的方法，防蚊虫叮咬等；

（3）住：野外露宿的常识，防止野兽伤害的方法，防止着凉的方法等；

（4）行：方向识别，地理常识，攀岩技巧，涉河技巧，制作简易竹木筏的技巧，漂流技巧等；

（5）医疗：中暑、感冒、外伤、中毒的预防与简易治疗等。

2. 扩展性产品/服务

（1）旅游、野外游玩时相关产品销售；

（2）为学校等承担实践教学课程，或成为其实践教学基地；

（3）为影视拍摄机构提供拍摄基地的服务，尤其是电视台的娱乐节目；

（4）利用其场所优美的环境，在作业场地周边建设疗养基地或休闲基地。

属性:

学习型体验　本地型体验

详细描述:

1. 公司的装备

公司需要提供体验野外生存的场地（包括树林、溪流、石岩和草地等）、野外生存技术指导人员、学员（消费者）安全监控人员、学员（消费者）安全监控电子设备（用于监控学员，一旦学员在体验中出现重大险情，如被毒蛇咬伤、摔伤等事故，马上组织救护工作）、救护设施和医疗救护人员、越野车等交通设备。

如果公司的经营模式是消费者直接在野外生存体验指导老师的指导和监护下学习并体验，那么就不需要监护人员和监护设备；如果在指导老师指导完毕后，安排体验者单独或小团体地体验野外生存，并从野外的某一陌生地点到达指定地点，则需要安排安全监护设备和监护人员。

公司最好保证体验场地内无毒蛇、猛兽等极其危险的元素存在，带毒的植物、菌类和一般的动物则不影响营业。

2. 交易流程

（1）公司根据消费者的经济承受能力、男女生理差异等因素制定不同的套餐，不同的套餐设计不同的项目组合。例如，有经济实力的消费者适合的套餐中包含相对丰富和立体的体验内容，男性消费者可以选择包含项目比较齐全、训练和体验内容比较丰富、劳动强度大或体力消耗大的套餐。

（2）消费者选择套餐，团体的消费者进行预订。

（3）公司为预订的团体做好接待准备。

（4）公司将非团体的消费者编入临时的分队，逐项进行体验。团体消费者则编成同一分队，逐项进行体验。

（5）体验指导者为体验者评分、总结。

（6）公司为体验者发放体验纪念品。

（7）交易完成。

市场描述

1. 主要消费群

生活在城市的青少年，尤其是小学生、中学生和大学生，以及青年工薪层。除了由学校组织的团体消费以外，很多公司也愿意组织这样的活动来增强员工的团队精神、纪律观念，不畏艰苦、独立完成任务的心态等。

有些性格比较外向、爱好户外运动、不服输的中年人、老年人也会有兴趣参加。公司接待老年人时务必让指导人员对其额外关注和保护。

除了学校组织的以外，很多关心子女健康和全面成长的家长也愿意在周末和节假日带领子女前往体验，以改善子女的知识结构和人生观，增加其野外生存和大自然方面的知识，培养其野外生存能力，不畏艰苦、自力更生的心态，寻找绝处逢生的勇气，并开阔视野。因此，家庭消费是小团体消费的主要形式。很多家庭还可能会和邻居家庭、同事家庭和亲友家庭结伴前往，或者一户家庭消费完毕会对邻居家庭、同事家庭和亲友家庭产生重大的广告效应，因此公司针对此情况应做好优惠政策的制定，以及做好营销和宣传工作（前文提到的重视消费者的人际传播）。

2. 投资项目

（1）占地面积较大的野外之地，一般以一座山或一部分山，一片树林（并非高地，例如热带雨林），一块沙漠，一块沼泽地为宜；

（2）在野地中科学合理地布局丛林、灌木丛、坡度合适的岩坡、比较湍急的溪流、独木桥，或存在一定危险的沼泽地、湖泊、水草丛，或沙漠、沙漠绿洲、流沙等（根据连锁的分支机构所在地域的野地类型设置）；

（3）聘请专业的体验服务指导人员、安全监控人员、医疗工作人员；

（4）现代的交通工具、救援工具、医疗设备、野外生存工具等；

（5）维持公司运转的消耗品，如医疗用药品和器械的损耗，机械所需的汽油、柴油等，野外用的帐篷包裹损耗等；

（6）维持公司运转的一般性投资，如办公费用、公关费用、广告费用、工资等；

（7）其他。

3. 主要风险

（1）融资风险：银行或社会对新产业的怀疑，这对处于新生中或处于产业发展困难时期的企业是一个很大的打击；

（2）安全风险：由于安全措施的失误，在体验过程中体验者的安全屡屡受到损害。本企业体验项目的安全风险远远大于前两种；

（3）广告风险：煽情和炒作（合理的）不足以说服观众参与进来，并在社会上形成新的消费时尚；

（4）自然风险：由于天气的缘故，例如持续性的下雨、炎热天气等，导致消费需求大量下降，影响公司的正常盈利。本项目的自然风险远远大于前面的乡村生活体验项目的自然风险，因为乡村生活体验项目中很多农业生产是在室内进行的，因为大棚蔬菜的普及，还有很多室外生产也可以在大棚内实现；

（5）环保风险：因为环保措施不到位，导致经营场地在短期经营后生态环境遭到破坏，丧失了继续作为经营场地的能力或遭到政府环保部门的严厉处罚，乃至吊销营业执照；

（6）其他。

军事体验企业创业方案

名称：××××军事体验服务（连锁）股份有限公司

产品/服务：

1. 核心产品/服务

为消费者提供一系列的综合军事体验服务，主要包含以下方面。

（1）常规军事训练科目体验，如射击训练、攀岩训练、匍匐前进训练、日常体能训练等；

（2）普通（非尖端科技）武器体验，如手枪、冲锋枪、手榴弹、狙击枪等；

（3）普通（非尖端科技）机械化武器体验，如坦克、战斗机、直升机、两栖登陆艇等；

（4）普通对抗演习体验，如激光镭射野战体验。

2. 扩展性产品/服务

（1）立体（尤其是 3D Imax 版本）军事题材电影欣赏；

（2）召开国防情势分析报告会及其他国防教育；

（3）承接学校、企业及其他机构的军训教育、拓展教育课程；

（4）承接学校、少年宫、报社、电视台等有关机构的青少年夏令营活动；

（5）与电视台、摄影公司、照相馆合作，作为影视、平面摄影基地承接部分军事、拓展训练、冒险主题的影视、平面摄影活动；

（6）军事内容的纪念品、军用靴、瑞士刀、迷彩服等军用商品（允许销售的）的售卖。

详细描述：

1. 公司的主要装备

公司需要提供军事体验的场地（包括训练场、激光镭射野战场地等）、军事体验设备设施（包括各类枪支、日常军事训练器材、坦克、战斗机、直升机、两栖登陆舰等）、军事体验指导人员、体验者安全监控人员、救护设施和医疗救护人员等。

军事体验设备设施所用的各类枪支应当符合国家对枪支管理的规定，而坦克、战斗机、直升机、两栖登陆舰等机械化设备应该利用已经退役的设备，而且是属于比较落后不至于泄露国家国防机密的种类。这些事项均应获得国家有关管理部门的批准。

而军事体验指导人员、体验者安全监控人员、救护设施和医疗救护人员等可以聘请退伍军人任职，这样比较安全、可靠、专业。

2. 交易流程

参见前文其他体验企业的创业方案。

市场描述：

1. 主要消费群

生活在城市的青少年，尤其是小学生、中学生和大学生，以及青年工薪层。高中及大专院校的学生将是最重要的消费主体之一，因此承接其军训活动是重要的营销策略。公司对此应采取重点的营销策略及优惠政策，或建立 VIP 客户联系。除了由学校组织的团体消费以外，很多公司也愿意组织这样的活动来增强员工的团队精神、纪律观念，不畏艰苦、独立完成任务的心态等。

有些性格比较外向、爱好军事、不服输的中年人、老年人（有些是退伍军人）也会有兴趣参加。公司接待老年人时务必让指导人员对其额外关注和保护。

除了学校组织的以外，很多关心子女健康和全面成长的家长也愿意在周末和节假日带领子女前往体验，以改善子女的知识结构和人生观，增加其军事与国防方面的知识，培养其意志力，不畏艰苦、勇于锤炼的心态并开阔视野。因此，家庭消费是小团体消费的主要形式。很多家庭还可能会和邻居家庭、同事家庭和亲友家庭结伴前往，或者一户家庭消费完毕会对邻居家庭、同事家庭和亲友家庭产生重大的广告效应，因此公司针对此情况应做好优惠政策的制定，以及做好营销和宣传工作（前文提到的重视消费者的人际传播）。其中退伍军人建立的家庭是潜在的消费群体，他们对军人具有更深厚的感情，并重视军事体验的积极意义。

2. 投资项目

（1）占地面积较大的野外之地，一般以一座山/一部分山、一片树林等地形稍微复杂的为宜，主要有三大区域：训练体验场地、野战体验场地、室内体验区及员工办公生活区；

（2）体验所需设施设备，主要是枪支、坦克、直升机、战斗机、两栖登陆舰等；

（3）现代的交通工具、救援工具、医疗设备等；

（4）用于立体（尤其是3D Imax版本）军事题材电影欣赏、召开国防情势分析报告会的建筑及室内设备；

（5）聘请专业的体验服务指导人员、安全监控人员、医疗工作人员；

（6）维持公司运转的消耗品，如训练体验所需的子弹、机械所需的汽油柴油、医疗用药品和器械损耗等；

（7）军事内容的纪念品、军用靴、瑞士刀、迷彩服等军用商品（允许销售的）的进货；

（8）维持公司运转的一般性投资，如办公费用、公关费用、广告费用、工资等；

（9）其他。

3. 主要风险

（1）法律（政策）风险：由于该体验项目涉及国防技术安全、枪支等武器的安全管理，因此国家可能不会批准这样的体验项目，或可能事后撤销该批准，或事后增加更为严格的约束乃至故意刁难；

（2）融资风险：具体参见前文其他体验企业的创业方案；

（3）安全风险：由于安全措施的失误，在体验过程中体验者的安全屡屡受到损害；

（4）广告风险：具体参见前文其他体验企业的创业方案；

（5）自然风险：由于天气的缘故，例如持续性的下雨、炎热天气等，导致消费需求大量下降，影响公司的正常盈利；

（6）其他。

延伸阅读

影片《甲方乙方》里的体验

由冯小刚和王刚编剧，冯小刚导演，北京紫禁城影业公司、北京新影嘉投资咨询有限公司、北京电影制片厂联合摄制的影片《甲方乙方》，讲述了 4 个年轻人——待业演员姚远、副导演周北雁、道具员梁子、编剧钱康于 1997 年的夏天开办了一家"好梦一日游"的服务公司，帮助消费者过一把"好梦成真"的瘾。这部充满乌托邦式幻想的影片涉及本书中阐述的体验、体验需求和体验服务提供商等内容，下面我们来做详细的分析。

1. 公司不是纯粹的体验服务提供商

影片中的这家公司是帮助消费者过一把"好梦成真"的瘾的，这种"好梦"主要有两种类型，一种是属于体验需求的"好梦"，就是希望体验一下某种新奇有趣的事物的需求，例如一位书店员工希望在和平年代体验一下当将军冲锋陷阵的好梦，一位厨师希望体验一下当宁死不屈的英雄的好梦，天天吃山珍海味的刘万成希望体验穷苦生活的好梦。这种"好梦"

只能体验，并且属于不能转化为日常需求的体验需求，因此不能长久持续下去。因此影片中的消费者在体验过程中感到厌倦时希望尽快结束这种消费，尤其是刘万成在山区眼巴巴地等着姚远等来接其回去的内容，深刻地反映了体验需求和普通日常需求的差别。

第二类属于其他普通日常需求的好梦，例如希望有一个中意的情侣（性和爱情的需求），有一个像模像样的家和房子（居住的需求和爱情的需求）等。对这种梦消费者愿意实现并长久地持续下去，消费者尝试它不是由于好奇心的驱使，不是出于满足好奇心、学习、积累经验和娱乐等目的。因此这一部分的内容和体验无关。

所以说，这家公司不是纯粹的体验服务提供商，还兼营了其他业务。

2. 公司服务的形式丰富

体验服务提供商提供体验服务的形式主要是模拟方式和实际方式。模拟方式是提供模拟的条件和环境让消费者去体验，例如让消费者体验模拟的地震、月球行走等；实际方式则是消费者在真实的环境中体验，例如消费者体验真实的乡村生活、泼水节、沙雕等。

这家公司的服务形式丰富，既有通过编剧和演戏的模拟方式来提供体验（有点像本章中的演艺体验公司的服务），也有真实的体验。

例如书店员工想体验当将军冲锋陷阵的滋味，就是通过让他演二战中的巴顿将军来实现的，想体验受气的滋味的男士也是通过让他演在地主家卖苦力的佃户来实现的；而刘万成希望体验穷苦生活的好梦则是真实环境中的体验。

3. 公司的服务不规则，无法批量生产和大规模地推广

这家公司提供的体验服务是不规则的，没有批量提供的服务，每一次服务的内容都是不同的。这样服务的成本很大，即便这家公司每一次体验都

是通过演戏来实现的，那成本也比较大。因为每一次的剧本和剧情都不一样，所需要的场地、器材等也不一样。即便是消费者愿意支付成本，那么这样的消费者也是比较少的（这部影片中几乎没有涉及服务的价格和对消费者负担能力的讨论，事实上其价格应该是一般人难以承受的，例如那个体验将军的剧情需要的成本很大，出动了坦克、军用卡车、军用摩托车、吉普车等道具，以及10多个到20多个群众演员）。现代化生产和营销尽管也会提倡尽量细分市场和满足特殊消费者的个性化需求，但是仍然是以批量生产、大规模生产为前提。

因此这种经营模式不利于经济上的推广。而本书阐述和提到的体验服务提供商一般都是提供批量的服务，包括本章中讲述的演艺体验企业。

影片最后反映出该公司的营业业绩不佳。

4. 体验给消费者带来了收获，在一定程度上证实了体验业的价值

影片中的消费者很多在体验之后有了收获。例如体验完"宁死不屈的英雄"之后（事实上没有完全体验完）的厨师对英雄有了更加深刻的认识，体验受气滋味的丈夫体验完后不再虐待老婆，体验完穷困生活的刘万成更加珍惜自己的幸福生活。当然这些收获主要是体现在对人生观的改变方面，而缺少其他方面的收获的案例，例如知识和经验的拓展、技术的获得等。

这在一定程度上证明了体验业的存在及其发展价值。

5. 其他

影片中涉及体验服务的服务质量问题，例如书店员工体验当将军的演艺中，姚远没有找到德国地图，就用南京地图代替，因此将军和将领们的台词也变成了指挥在南京发生的战役。再例如公司将体验乡下生活的刘万成放到乡下没有保持任何的联络和关注，两个月后才突然想起来要将他接回来，此时刘万成已经忍受那种穷困生活到了极点。

　　影片中也涉及体验服务与法律法规、社会道德相冲突的问题，并表达了正面立场。例如，公司经理钱康在工作总结中否定了原来的"顾客就是上帝，凡是群众需要的就是我们乐意奉送的"的规则，认为"迎合什么人的趣味，为什么人服务"是一个值得思考的问题，"要敢于对一些人说不"。实际上这相 当于就是要求公司提供的体验服务是满足人们的正当的体验需求的，服务内容是符合道德和法律法规的。

　　影片中还涉及体验行业工作者的职业道德问题。

Experience industry

体验服务商

国内外现有的部分体验服务提供商①

表 10 – 1　　　　　　　　　　**中国部分体验服务提供商**

地区	项　　目	服务内容
北京	东城区的格格府餐馆	提供体验传统清朝满族贵族婚礼的服务
	东城区安外大街的北京天沙行生物科技有限公司	该公司设有九华山庄沙疗养生馆、天弓沙疗养生馆，提供体验室内沙疗的服务
	东城区安定门防震减灾宣教指挥中心	提供体验地震的服务，并让体验者学习逃生自救的防护知识
	西城区阜成门外大街的北京飞人俱乐部/北京飞人动力体育器材有限公司	提供体验滑翔（包括滑翔伞、动力伞、动力三角翼）、水上风筝的服务
	西城区广安门南街 70 号的中国消防博物馆	让参观者体验地震、火灾现场的感觉并学习逃生自救的知识
	朝阳区的北京精英海世界潜水俱乐部	提供体验潜水的服务
	朝阳区比如世界	提供体验消防员、法官、医生等各种职业的服务，主要面向青少年

① 这是笔者根据写作时整理的互联网资料和其他资料得出的信息，笔者并没有对这些信息进行严格和详细的验证，因此这些体验服务提供商可能根本就不存在，或另有其主，或在您看到该信息时其已经停止提供该体验服务、破产、转行、改名或被其他公司收购等。如果您正打算依据该信息做出某项决策，则请您对其真实性和有效性保持必要的谨慎。

续表

地区	项　目	服务内容
北京	朝阳区北辰东路 5 号的中国科学技术馆	提供体验月球漫步、飞行等服务
	朝阳的小人国少年儿童职业体验城	提供体验消防员、法官、医生等各种职业的服务，主要面向青少年
	海淀区的海淀公共安全馆	让市民体验地震、海啸、在高压线落地区逃离、避开雷击等感觉并学习逃生自救的防护知识
	海淀区的宝贝当家	提供体验消防员、法官、医生等各种职业的服务，主要面向青少年
	海淀区的今典集团极度体验潜水俱乐部有限公司	提供体验潜水的服务
	海淀区的北京汉疆文化发展有限公司（汉衣坊）	提供体验传统汉族婚礼的服务
	海淀区的佳加欢儿童职业体验馆	提供体验消防员、法官、医生等各种职业的服务，主要面向青少年
	通州区的欢乐之都青少年社会职业体验馆	提供体验消防员、法官、医生等各种职业的服务，主要面向青少年
	昌平区小汤山的中国儿童少年地子自然体验基地	提供多种体验服务，包括角色体验、种植体验、养殖体验、园艺体验、运动体验、艺术体验等。体验豆腐制作、陶瓷制作、扎染制作、面点制作、剪纸制作、石膏成像、木器加工、彩色蜡烛制作、标本制作等
	昌平区的蟒山国家森林公园的中国滑翔伞莽山基地	提供体验滑翔伞的服务，整个过程包括看关于飞行的 DVD 教学片，在滑翔伞的模拟器上做练习，体验滑翔伞（包括装备伞具、控制伞具、平地起飞体验），体验三角翼
	怀柔区怀北镇雁水路 3 号的雁栖湖旅游风景区	提供体验水上飞伞、攀岩等服务
	延庆县的康西草原旅游公司	让京都人不出北京也能体验到塞外草原风情

地区	项 目	服务内容
北京	延庆县康庄镇的天狼热气球俱乐部	提供体验热气球飞行、滑翔伞滑翔、空中婚礼的服务
	大兴区科苑路北京消防教育训练中心内的北京市民防灾教育馆	让参观者体验地震、火灾现场的感觉并学习逃生自救的知识
	北京科技馆的科技乐园	让公众尤其是学校学生体验造纸术
	丰台区的八一电影制片厂影视基地	提供真人 CS 体验服务，由于体验场地属于八一电影制片厂的影视基地，因此 CS 环境非常逼真，现场感非常强
	平谷区金海湖镇的金海湖风景区	提供体验水上跳伞、滑索的服务
	北京燕捷野外生存俱乐部	为都市人提供野外生存体验服务，包括夜间行军、攀爬陡坡、宿营和野餐等
	北京闽龙陶瓷艺术馆	提供陶瓷制作体验服务
	北京植物园科普馆"造纸工坊"	提供古代造纸体验服务
	李清华和屈宗波（个人）	化妆成老舍名著《骆驼祥子》中的角色祥子，让人们体验与名著中的角色留影和交往的感觉
天津	西青区的希乐城儿童职业体验馆	提供体验消防员、法官、医生等各种职业的服务，主要面向青少年
	滨海新区空港经济区高新纺织工业园天纺大厦的纺织博物馆	提供体验纺织（操作手摇织布机）乐趣的服务
	滨海新区东丽湖温泉度假旅游区的天海风水上休闲运动俱乐部	提供体验龙舟、水上飞伞、橡皮艇、香蕉船、水上摩托的服务
	天津市少年社会体验中心	提供体验消防员、法官、医生等各种职业的服务，主要面向青少年
	河西区开迪树 Kid – Tree 少年社会体验中心	提供体验消防员、建筑工人、厨师等各种职业的服务，主要面向青少年
河北	衡水武强县武强年画博物馆	让消费者在观赏中国传统年画艺术之余还可以自己动手制作年画，亲身体验传统年画工艺的整个制作过程

续表

地区	项 目	服务内容
河北	廊坊市永清县杨家营鑫鼎庄园等农家乐	提供体验插秧、种花生、推车等农家劳动的服务
	邯郸市市委宣传部、发改委、旅游局和涉县县委、县政府	它们共同举办的"红色之旅涉县行——当一天八路军"活动让游客体验八路军的生活：穿八路军衣，吃八路军饭，走八路军路，唱八路军歌，做一次八路军操练等等。但是体验内容非常简单，主要还是旅游参观的形式
	秦皇岛市昌黎县的翡翠岛旅游风景区	提供体验滑沙、滑翔、沙疗等服务。滑沙比较特别的是，可以直接滑沙入海，同时领略滑沙、滑水、游泳三种乐趣
	秦皇岛市抚宁县南戴河旅游度假区（包括南戴河国际娱乐中心、海上乐园等）	提供体验沙疗、四滑（滑沙、滑草、划艇、滑圈）、海上跳伞等服务
	唐山市岳各庄路北侧唐山地震遗址纪念公园的唐山地震博物馆	提供体验地震的服务，并让体验者学习逃生知识
山西	大同市市城区的 I Do 梦想城儿童职业体验馆	提供体验消防员、建筑工人、厨师等各种职业的服务，主要面向青少年
	长治市老顶山神农滑草场	夏秋季节提供体验滑草的服务
	长治市英雄中路体育局的长治飞翔热气球俱乐部	提供体验热气球飞行的服务
	运城市万荣县孤峰山国际滑草场	夏秋季节提供体验滑草的服务
	运城市河津市新耿北街体育器材楼的河津天翔热气球航空俱乐部	提供体验热气球飞行等服务
	晋中市榆次区的山西凤麒生态林牧庄园	提供体验滑草的服务
陕西	西安市高新区梦之洲潜水俱乐部	提供体验潜水、水下婚礼的服务

续表

地区	项　目	服务内容
陕西	西安市未央区的陕西英考鸵鸟股份有限公司	提供体验喂鸵鸟、骑鸵鸟的服务。其经营的鸵鸟岛在陕西省咸阳市杨凌区农科城
	西安市曲江新区唐城墙遗址公园	提供体验车水（踏水车）的服务
	西安市碑林区的西安碑林博物馆	设有传统文化体验室，提供体验陶泥造型趣味压模、石膏汉字小翻制、趣味铅笔字印、拓碑、画信等服务
	西安市碑林区西安飞翔热气球俱乐部/西安飞翔热气球观光有限责任公司	提供体验热气球飞行、滑翔伞滑翔、空中婚礼、三角翼飞行等服务
	宝鸡市扶风县法门寺	2008年5月22日，为陕西省师范大学佛学院国学班的60名学员（为广州、深圳企业家）提供为期一天的禅修体验服务。学员在佛学院研究生仁正法师的指导下参禅打坐。《体验企业经营策略分析》笔者注：该服务可能是免费的，且为一次性的
宁夏	银川市兴庆区的趣立方职业体验科技馆	提供体验邮递员、警察、医生等各种职业的服务，主要面向青少年
	石嘴山市平罗县的宁夏沙湖生态旅游区	提供体验骑鸵鸟、骆驼，水上降落伞，水上自行车等服务
	中卫市沙坡头旅游区/宁夏沙坡头旅游有限公司	其中国际滑沙中心提供体验滑沙的服务，还可以体验沙雕、沙疗，乘坐古老的渡河工具羊皮筏子畅游黄河
内蒙古	呼和浩特市回民区的快乐星期社会体验馆	提供体验邮递员、警察、医生等各种职业的服务，主要面向青少年
	包头市南赛汗塔拉公园赛汗塔拉滑雪滑草场	夏秋季节提供体验滑草的服务
	鄂尔多斯市杭锦旗独贵特拉镇七星湖沙漠生态旅游区	提供体验滑沙、沙漠冲浪车、沙漠卡丁车、热气球等沙上项目
	阿拉善盟左旗腾格里沙漠月亮湖生态探险旅游区	提供体验滑翔机/滑翔伞滑翔、滑沙等服务

续表

地区	项　目	服务内容
辽宁	沈阳市皇姑区的梦想天地国际成长中心	提供体验邮递员、警察、医生等各种职业的服务，主要面向青少年
	沈阳市铁西区的一二一少儿职业体验城	提供体验邮递员、警察、医生等各种职业的服务，主要面向青少年
	沈阳雨林有限公司	提供体验古典婚礼、教堂婚礼等服务。其本身并不是为单独的体验服务而开设的，而是提供婚礼服务，但是该公司充分利用了人们的体验需求
	沈阳市棋盘山旅游开发区的辽宁飞翔热气球俱乐部	提供体验热气球飞行、空中婚礼的服务
	鞍山市岫岩满族自治县七星瓢虫飞行俱乐部	提供体验滑翔的服务
吉林	吉林市昌邑区的吉林市精英飞行俱乐部/吉林市仕鹏商贸有限公司	提供体验滑翔、空中婚礼等服务
	长春市的长发中式仿古婚庆抬花轿演艺中心	提供体验古典婚礼的服务
黑龙江	哈尔滨市道里区的泰姆凯迪快乐梦想城	提供体验邮递员、警察、医生等各种职业的服务，主要面向青少年
	哈尔滨风野户外运动俱乐部	为会员组织野外生存体验活动，提供野外生存体验的服务，并向会员普及野外生存知识，项目内容比较简单
	哈尔滨市方正县自由飞翔热气球俱乐部	提供体验热气球飞行的服务
	哈尔滨市松北区的哈乐城青少年儿童职业体验馆	提供体验邮递员、警察、医生等各种职业的服务，主要面向青少年
	大庆市萨尔图区庆龙小区的大庆巴音静心沙疗养生馆	提供体验沙疗的服务
山东	济南市槐荫区北小辛庄西街山东巨源总公司 6 楼的济南巨源滑翔伞俱乐部	提供体验滑翔、空中婚礼的服务

地区	项　　目	服务内容
山东	济南市槐荫区星期8小镇	提供体验邮递员、警察、医生等各种职业的服务，主要面向青少年
	济南市市中区的山东飞翔热气球俱乐部	提供体验热气球飞行的服务
	青岛市市北区的青岛山那边户外拓展运动有限公司	提供简单的户外生存体验服务，因为该公司本身是进行户外素质拓展训练的，因此体验服务的特征不明显
	烟台市经济技术开发区张裕公司卡斯特酒庄	该酒庄为消费者提供体验亲手酿制葡萄酒的服务。游客可以戴上帽子，系上围裙，挎着竹篮，拿着剪刀，到葡萄园里摘葡萄，手工破碎葡萄，体验酿制葡萄酒的乐趣
	烟台市芝罘区第一海水浴场	提供体验沙雕的服务
	烟台市栖霞市城北古镇都村牟氏庄园	提供车水（踏水车）、推石碾子、马拉轿车、毛驴拉磨等农村生活的体验服务
	临沂市沂水县沂水镇雪山彩虹谷	提供滑草坡的体验服务
	枣庄市滕州市柴胡店镇葫芦套影视文化创意产业园军事影视基地	提供影视中配音、拟音、特技的体验服务
河南	郑州市金水区"点点梦想城"少儿职业体验馆	提供体验邮递员、警察、医生等各种职业的服务，主要面向青少年
	郑州经济技术开发区的金鹭鸵鸟游乐园	提供体验骑鸵鸟、滑草、玩悠波球、攀岩等体验服务
	郑州登封市嵩山滑雪滑草基地	提供滑草坡的体验服务
	安阳市林州市太行大峡谷风景名胜区东垴鲁班村的林虑山国际滑翔基地	其位于海拔1600余米的林虑山山巅，提供滑翔的体验服务
	新乡市辉县市万仙山郭亮村中华影视城	向游客提供体验演电影、当八路军战士抗日的服务

续表

地区	项　目	服务内容
甘肃	兰州市城关区盐场路的兰州正林滑翔俱乐部	提供体验双人滑翔（其中一人是教练）、空中婚礼等服务
	酒泉市敦煌市鸣沙山—月牙泉风景名胜区	提供体验沙疗（由敦煌市沙疗中心提供）、滑沙、滑翔跳伞、骑驼遨游等服务
青海	海南藏族自治州共和县青海湖旅游区 151 景区房车基地	提供体验乘坐滑翔机、热气球、动力伞等服务
	青海湖旅游区的耳海帐篷度假村	提供体验藏式婚礼、骑马等服务
	海北藏族自治州海晏县青海湖旅游区的沙岛	提供体验滑沙、滑翔伞等服务
新疆	吐鲁番地区吐鲁番市亚尔乡上湖村的凯合日曼拉沙丘、吐鲁番地区维吾尔医医院沙疗中心	提供体验沙疗（消费者将自己埋在阳光晒热的沙中以治疗风湿病、关节炎、高血压等）的服务
	吐鲁番地区鄯善县的库木塔格沙漠风景名胜区	提供体验沙滩排球、沙滩足球、沙滩摩托、滑沙、动力伞滑翔、沙疗等服务
	克拉玛依市克拉玛依区的人民广场	广场内建有沙池，提供（体验）沙疗、沙浴的免费服务
	喀什地区疏勒县牙甫泉镇沙漠胡杨林风景旅游区	提供体验沙疗、滑沙、沙漠赛马等服务
	新疆阿勒泰地区布尔津县喀纳斯景区管委会	提供体验滑翔伞的服务
安徽	合肥市包河区屯溪路的安徽金鹰航空俱乐部有限公司	提供体验滑翔（动力伞、动力三角伞）、热气球飞行的服务
	亳（读音 bó）州市古井酒文化博览园	该园号称中国白酒业第一家国家 4A 级景区，提供体验酿酒的服务
	阜阳市颍州区河滨路的安徽奥华航空飞行俱乐部	提供体验滑翔（动力伞、动力三角伞）、热气球飞行的服务
江苏	南京市雨花台区东方娃娃动漫大世界属相国	提供体验消防员、法官、医生等各种职业的服务，主要面向青少年
	南京市浦口区的果壳里·弘阳儿童职业体验馆	提供体验邮递员、警察、医生等各种职业的服务，主要面向青少年

地区	项目	服务内容
江苏	南京市白下区深蓝国际潜水俱乐部	提供潜水的体验服务
	南京市白下区的彩鸾阁古典汉民族汉服婚庆工作室	提供古代汉族传统婚礼的体验服务
	南京市下关区的柠卡王国儿童职业体验城	提供体验邮递员、警察、医生等各种职业的服务，主要面向青少年
	南京市建邺区新京兰潜水俱乐部	由南京市新京兰体育运动咨询有限公司运营，提供潜水的体验服务
	上海联合水肺国际潜水俱乐部南京分部	提供潜水的体验服务
	苏州市工业园区大未来儿童职业体验馆	提供体验消防员、法官、医生等各种职业的服务，主要面向青少年
	苏州市沧浪区的苏州沧浪少年宫地震科普馆	提供体验地震的服务，并让体验者学习逃生知识
	苏州市昆山市周庄镇周庄	南湖秋月园提供体验车水（踏水车）的服务，砖工瓦艺坊提供体验砖瓦制作的服务，欢乐世界提供体验骑马、攀岩、CS 激光真人战的服务
	南通市崇川区的纺织博物馆	提供纺织、织布的体验服务
	南通市崇川区的蓝印花布博物馆	提供染布（布料染色）的体验服务
	南通市港闸区的洛卡王国儿童体验馆	提供体验消防员、法官、医生等各种职业的服务，主要面向青少年
	无锡市滨湖区的中视无锡影视基地	其"九宫八卦阵"、"诸葛连弩"、"水军训练营"、"祭天仪式"、"金莲招亲"等参与项目都能让游客在逼真的模拟环境中体验古代历史和民俗
	无锡南长区的梦想方舟儿童职业生活体验城	提供体验邮递员、警察、医生等各种职业的服务，主要面向青少年
	姜堰市的溱湖国家湿地公园	端午节期间提供划龙舟的体验服务，游客可以亲自体验划龙舟以及参加比赛
	连云港市连云区苏马湾生态园	提供体验沙疗、沙浴的服务

续表

地区	项　目	服务内容
上海	浦东新区的新希望儿童天地职业体验馆	提供体验邮递员、警察、医生等各种职业的服务，主要面向青少年
	上海市静安区的汉未央文化传统促进中心	提供体验古代汉族传统婚礼以及汉礼、骑射等传统文化的服务
	上海市闵行区的星期8小镇	提供体验邮递员、警察、医生等各种职业的服务，主要面向青少年
	上海科技馆	提供体验月球行走等服务
	佘山国家森林公园	在沙雕节上提供沙雕体验服务，并提供专业指导
	虹口区中小学校古代发明创造体验教室	不对外开放，为学生提供体验拓印、造纸、装裱等机会
	长宁区上海联合水肺国际潜水俱乐部	提供潜水的体验服务
	卢湾区上海思酷吧潜水酒吧	提供潜水的体验服务
	南汇区书院镇洋溢村书院人家	提供舂米、推磨、踏水车、织布、采摘蔬菜等体验服务
浙江	杭州市钱江新城"Do都城"少儿社会体验馆	提供体验邮递员、警察、医生等各种职业的服务，有时遇上清明节等传统节日也举行体验传统习俗的活动，主要面向青少年
	杭州市桐庐三人行拓展训练有限公司	提供影视剧情表演的体验服务
	杭州市富阳市中国古代造纸印刷文化村	提供体验古代造纸、印刷术的服务
	杭州市富阳市常安镇大田村永安山中国滑翔伞训练基地	提供体验滑翔的服务
	杭州市淳安县千岛湖海世界潜水中心	提供体验潜水的服务
	杭州市临安市青山镇青山湖	提供体验水上跳伞的服务
	温州市鹿城区的汤米城少年儿童社会体验城	提供体验消防员、法官、医生等各种职业的服务，主要面向青少年

地区	项　目	服务内容
浙江	温州永嘉县楠溪江婚俗旅游服务有限公司	公司地址在浙江省温州市永嘉县岩头镇苍坡村，公司有几十户农民集资设立，提供北宋末年古婚俗仪式的体验服务
	温州市瓯海区泽雅镇石桥村寨下堂青少年体验基地	提供体验古代造纸、私塾生活、捣年糕、煎卤豆腐的服务。当地有流传久远的古代造纸技术，还有始建于明代的四连碓造纸作坊（于2001年6月被国务院列为第五批全国文物保护单位）
	温州市乐清市蒲岐镇烟墩山滑翔基地	提供在教练带领下体验滑翔伞的服务
	宁波市江北区的奇e国少儿职业体验城	提供体验邮递员、警察、医生等各种职业的服务，主要面向青少年
	宁波市鄞州区的天宫城堡儿童职业体验馆	提供体验邮递员、警察、医生等各种职业的服务，主要面向青少年
湖北	武汉市江汉区星期8小镇	提供体验邮递员、警察、医生等各种职业的服务，主要面向青少年
	武汉市汉阳区的小伢当家社会体验馆	提供体验邮递员、警察、医生等各种职业的服务，主要面向青少年
	第一映象文化服饰有限公司	发展手绘T恤店，为顾客印制自绘T恤，让顾客体验自绘T恤的快乐
	武汉跋涉者户外休闲运动有限责任公司	提供野外生存体验服务，项目有定向穿越竹海、攀岩、自然岩壁开展悬降等
	宜昌市点军区土城乡车溪民俗游览区	景区内的纸坊、陶坊、水车博物馆等提供体验古法造纸、制作陶瓷、车水（踏水车）等服务
重庆	江北区宝贝梦想城（Baby Dream City）重庆馆	提供体验邮递员、警察、医生等各种职业的服务，主要面向青少年
	江北区五宝镇农家乐	提供体验犁田、插秧、收割、种菜等农家劳动的服务
	江北区的鸿恩寺儿童公园儿童职业体验中心	提供体验邮递员、警察、医生等各种职业的服务，主要面向青少年

续表

地区	项　目	服务内容
重庆	北碚区静观镇美丽乡村嘉年华农俗文化主题公园	共分为乡村印象区、嘉年华体验区等五大版块。在体验游乐区，市民可体验使用舂米、摇纺车、打麦等农耕用具，还能在原汁原味的生产作坊里体验米酒、豆花、面食、酱菜等食物的生产过程
	南岸区的天才梦工场	提供体验邮递员、警察、医生等各种职业的服务，主要面向青少年
	渝中区上清寺聚兴村的重庆海桥航空俱乐部有限公司	提供体验双人滑翔伞飞行、三角翼水上飞行、热气球载人飞行等服务
	高新区科园 5 路南方花园的重庆神州航空体育运动俱乐部	提供体验滑翔的服务
四川	成都市大邑县西岭雪山滑雪滑草场	提供体验滑草坡的服务
	南充市阆中市的阆中市舰霸游船有限公司	在"天天划龙舟"活动中提供体验划龙舟的服务，该活动得到了市政府的支持
	邛崃市平乐镇福惠街的"造纸术、印刷术"店	提供体验古代造纸术、印刷术的服务
	乐山市夹江县手工造纸博物馆	提供体验古代造纸术的服务。该博物馆是全国第一家手工造纸博物馆
	乐山市夹江县马村乡的传统造纸作坊	提供体验古代造纸术的服务
	西昌市安哈镇农家乐	提供体验插秧、推石磨等服务
	阿坝藏族羌族自治州九寨沟县的九寨沟景区	在"藏家乐系列"中提供体验打酥油茶、刻经石等服务
福建	福州市晋安区福飞路的福建省航空运动协会	提供体验滑翔等服务
	福州市寿山乡寿山国家矿山公园飞云峡景区	提供高空索道滑翔、滑草坡的体验服务
	福州市平潭县的平潭岛	提供体验当地渔民生活的服务，比如学开渔船、撒网、拉网等，如有捕获归游客

地区	项　目	服务内容
福建	福州市平潭县南海乡的东甲岛	提供体验滑沙、沙滩排球的服务
	厦门市思明区的优时代儿童职业体验城	提供体验邮递员、警察、医生等各种职业的服务，主要面向青少年
	厦门市同安区的竹坝农场南洋休闲度假旅游区	提供滑草坡体验服务
	厦门环岛路的观音山国际沙雕文化公园	提供体验沙雕的服务
江西	南昌市南昌飞翔热气球俱乐部	提供体验滑翔的服务
	南昌市进贤县军山湖旅游度假区	提供体验沙疗、水上滑翔、水上摩托的服务
	景德镇市的全国中小学陶艺培训基地	提供陶瓷制作的体验服务
	宜春市温汤区江源北路 11 号的明月山天工开物园	由宜春市明月山天工开物园实业有限公司运营，提供车水（踏水车）、推石磨、酿豆腐等农村生活的体验服务
	上饶市婺源县的江湾镇景区等多个景区	推出了"体验乡村农家生活游"，提供体验推石磨、打麻果等农活的服务
湖南	长沙市开福区东风路湖南省烈士公园的梦幻沙雕乐园	提供沙雕体验服务
	长沙市天心区的酷贝拉欢乐城	提供体验邮递员、警察、医生等各种职业的服务，主要面向青少年
	长沙市天心区劳动西路贺龙体育馆 5 楼的湖南畅翔飞行俱乐部	提供体验滑翔的服务
	长沙穿山豹野外团队拓展训练中心	提供野外生存体验服务
	长沙爬山虎户外运动有限公司	提供野外生存体验服务，包括登山、攀岩、定向越野、搭索过涧等项目
	长沙凌鹰户外运动俱乐部	提供野外生存体验服务，包括丛林穿越、登山、攀岩、漂流、探洞、野营、过独木桥、攀冰、滑雪、跳水、定向越野等野外生存项目

续表

地区	项 目	服务内容
湖南	长沙喜马拉雅户外运动俱乐部	俱乐部定期组织会员进行野外露营、山地穿越、丛林探险、攀岩、探洞、漂流、定向越野等野外生存体验活动
	长沙山水行户外运动有限公司	提供野外生存体验服务
	岳阳市平江县幕阜山国家森林公园	提供体验滑翔的服务
	岳阳市平江县神龙湾休闲度假中心	提供体验推磨、耕作、舂米、风车扬谷等农活的服务
	常德市桃花源风景名胜管理处	向游客提供体验秦朝婚嫁仪式的服务
	娄底市涟源市白马镇的白马水库	提供体验水上飞机、水上跳伞的服务
	衡阳市耒阳市蔡伦竹海风景区古法造纸作坊	向游客提供体验古代造纸的服务
贵州	黔东南州丹寨县石桥村	提供体验苗族流传久远的古代造纸术的服务。该村号称中国古法造纸艺术之乡
云南	昆明市五华区的宝贝梦想城（Baby Dream City）	提供体验邮递员、警察、医生等各种职业的服务，主要面向青少年
	昆明市五华区的金魔方教育培训实践中心	提供体验邮递员、警察、医生等各种职业的服务，主要面向青少年
	玉溪市澄江县抚仙湖禄充波息湾的澄江波息湾水上运动有限公司	提供体验水上跳伞的服务
	玉溪市澄江县抚仙湖风景区	提供体验车水、捕鱼的服务
	中科院版纳植物园热带雨林民族博物馆	提供体验古代造纸术的服务
	腾冲县和顺镇文昌宫和顺小巷古法造纸作坊	提供体验古代造纸术的服务
西藏	拉萨市北京中路 47 号神鹰飞行俱乐部	提供体验滑翔的服务
广东	广州市白云区星期 8 小镇	提供体验邮递员、警察、医生等各种职业的服务，主要面向青少年

地区	项　目	服务内容
广东	广州市海珠区前进路 146 号晓港公园内的草木陶艺工作坊	提供体验陶瓷制作的服务
	广州市新市镇白云山风景区的广州市白云山三特滑道有限公司	该公司运营的白云山三特极限运动中心提供体验高空弹跳蹦极、三角滑翔翼、高山滑草、草地冲锋车、滑道的服务
	广东铁青出境游公司	与美国亨茨维尔宇航及火箭发射中心合作，让游客在该中心进行一个星期的参观培训活动，包括参观宇航科技博物馆，学习和体验太空行走与月球行走等
	广州大学城外环西路岭南印象园造纸坊	提供体验古代造纸的服务
	广州番禺祈福农庄	提供体验制作陶瓷、酿酒、插花、织布、磨豆浆、种菜、采摘水果等农庄生活的服务，此外还提供钓鱼、骑马、坐牛车、认识动物和农作物、品尝农庄食品、赏荷等服务
	深圳盐田区的东部华侨城	提供体验采茶、制茶的服务
	深圳南山区的欢乐谷游乐园	提供体验太空梭、海盗船等服务，主要以极限、趣味运动为主
	深圳市南山区华侨城麦鲁小城	提供体验邮递员、警察、医生等各种职业的服务，主要面向青少年
	深圳市罗湖区迪可可儿童职业体验小镇	提供体验邮递员、警察、医生等各种职业的服务，主要面向青少年
	深圳南山区的中华民俗村/锦绣中华主题公园	提供体验少数民族溜索、竹竿舞的服务
	深圳南山区的青青世界主题公园	提供让都市人体验农村生活的服务，例如推独轮车运送农产品。还提供陶艺制作体验服务，陶艺制品可以在烧制后邮寄给体验者
	深圳光明新区的光明滑草场	提供滑草坡和蹦极等体验服务
	佛山市博物馆	举办了佛山古典婚嫁仪式以宣传佛山文化，没有大规模地提供体验服务

续表

地区	项 目	服务内容
广东	佛山市石湾镇的佛山创意产业园内的南风古灶国际陶艺体验营	提供陶瓷制作体验服务
	佛山市顺德区的南国丝都丝绸博物馆	向参观者提供体验摘桑、养蚕、缫丝剥茧、织布、染布等服务
	中山市南区的新月城少儿体验教育基地	提供体验邮递员、警察、医生等各种职业的服务，主要面向青少年
	惠州市惠城区的迪可可·国际儿童城	提供体验邮递员、警察、医生等各种职业的服务，主要面向青少年
	梅州市围龙屋星园酒家	向消费者提供体验客家婚嫁仪式的服务
	梅州市雁鸣湖旅游度假村	向消费者提供滑草坡、太空梭、蹦极等体验服务
	肇庆市德庆县官圩镇金林水乡	有酒坊、榨油坊、豆腐坊、腐竹坊四大作坊，服务内容：提供体验舂米、磨豆的服务
广西	桂林市乐满地主题公园	提供体验野外生存的服务，消费者可以体验风火轮、霹雳滑车等各种新奇感觉
	桂林市阳朔县世外桃源景区	提供体验古代农耕、造纸印刷、织布制陶、书画雕刻等多种传统文化的服务
	桂林市阳朔县抗战路 126 号的西安飞翔热气球俱乐部/西安飞翔热气球观光有限责任公司阳朔分公司	提供体验热气球飞行、热气球空中婚礼、滑翔伞滑翔、三角翼飞行等服务
	桂林市阳朔县骥马大山根的桂林市飞翔热气球俱乐部有限公司	提供体验热气球飞行、热气球空中婚礼等服务
	贺州市昭平县黄姚古镇	提供体验酿豆腐、酿酒、车水（踏水车）、推石碾子等农家活动的服务
海南	三亚市国家珊瑚保护区潜水基地	基地处于三亚市国家珊瑚保护区，提供潜水体验服务，费用包含潜水器材和教练指导、安全护卫等

地区	项　　目	服务内容
海南	三亚市大东海旅游区的三亚市环球娱乐有限责任公司	提供潜水体验服务
	三亚市大东海旅游区的潜龙潜水社	提供潜水体验服务
	亚龙湾爱琴海 PADI 潜水渡假村	提供潜水体验服务
	陵水黎族自治县的分界洲岛的潜水基地	提供潜水体验服务。拥有水肺体验潜水、暗礁潜水、海底漫步、峭壁潜水、洞穴潜水和沉船潜水等 6 种潜水项目，每天接待的游客有 2000 多人
	琼海市万泉镇万泉河风景区	提供体验水上跳伞的服务
香港	香港太空馆	向消费者提供体验月球行走的服务
	新界粉岭鹤薮绿田园有机农场	向消费者提供体验插秧、收割稻谷等农活的服务
	新界屯门海洋世界潜水训练中心	向消费者提供体验潜水的服务
澳门	风顺堂街的澳门国际潜水中心	向消费者提供体验潜水的服务
台湾	台北市的 BabyBoss 职业体验任意城	提供体验邮递员、警察、医生等各种职业的服务，主要面向青少年
	台北莺歌镇中山路的陶瓷观光街暑假的"陶瓷嘉年华会"	提供体验陶瓷制作的服务
	高雄县茂林风景区管理处	向游客提供体验排湾族等少数民族独特的婚嫁仪式的服务
	南投县埔里造纸龙手创馆	提供体验纸艺术品制作、造纸的服务
	宜兰县员山乡深沟村	提供体验插秧、锄草等农活的服务
	南投县埔里镇篮城里中正路 1004 号埔里花卉特产中心	提供体验车水（踏水车）等服务
	台南县七股乡中寮村盐埕 91 号盐乐活村	提供体验车水（踏龙骨水车）、晒盐的服务

表 10 - 2   外国部分体验服务提供商

国家	项　目	服务内容
韩国	首尔的 HAJA 青少年职业体验中心	提供体验法官、消防员、医生等各种职业的服务，主要面向青少年
	首尔松坡区的趣志家乐园（Kidzania）韩国馆	提供体验法官、消防员、医生等各种职业的服务，主要面向青少年
	首尔江南区良才川的"稻作体验场"	提供体验插秧的服务
	首尔仁寺洞	通过"传统婚礼活动"提供体验韩国传统婚礼的服务，吸引了很多外国游客参加
	首尔良才洞市民之林	通过"都市牧场体验活动"为小朋友提供体验挤牛奶的服务
日本	东京都复兴纪念馆、江户东京博物馆	提供体验地震和"风速 30m"的暴风雨的服务，并提供防灾指导
	东京都墨田区的东京消防厅本所防灾馆	提供体验地震、火灾现场、暴风雨的服务，更让体验者学习逃生防护的知识
	东京都新宿区的东京消防厅消防博物馆	提供体验火灾的服务，更让体验者学习逃生防护的知识
	东京都丰岛区西池袋的池袋防灾馆	提供体验地震、火灾现场的服务，更让体验者学习逃生防护的知识
	东京六本木新城的屋顶庭园	提供体验插秧、收割、打年糕、稻草编织等农活的服务，体验者从中学习到了日本的饮食文化和传统
	东京都中央区的趣志家乐园（Kidzania）日本馆	提供体验法官、消防员、医生等各种职业的服务，主要面向青少年
	日本爱知县陶瓷资料馆	提供体验陶瓷制作的服务
	凤明馆（homeikan）等日本传统旅馆	同时提供住宿饮食服务和体验日本和式住宅及文化风俗的服务
	宗像市正助村村民	提供体验插秧的服务，另有水田赛跑等活动
	鹿儿岛县指宿市海滨风景区	提供体验沙疗的服务
	大阪市阿倍野区的大阪市立阿倍野防灾中心	提供体验地震、火灾现场的服务，更让体验者学习逃生防护的知识

续表

国家	项　目	服务内容
日本	横滨市神奈川区的横滨市安全管理局横滨市民防灾中心	提供体验地震、火灾现场的服务，更让体验者学习逃生防护、避难的知识
菲律宾	西米沙鄢大区的阿克兰省的长滩岛潜水中心	提供体验插秧的服务
俄罗斯	国家航天部门	提供体验宇航训练、遨游太空和在国际空间站生活的服务。该服务是在参加国际空间站的15个国家达成的关于非职业宇航员赴国际空间站旅游的协议的基础上进行的，因此实际上并非俄罗斯一个国家参与了此项体验项目。该项目服务收费昂贵，高达2000万美元左右，且要经过严格的身体上的挑选和一系列的体能训练。至今先后有美国人丹尼斯·蒂托，南非人马克·沙特尔沃思，美国人格雷戈里·奥尔森，伊朗裔美国女企业家阿努谢赫·安萨里等体验
马来西亚	吉隆坡的趣志家乐园（KidZania Kuala Lumpur）	提供体验法官、消防员、医生等各种职业的服务，主要面向青少年
马尔代夫	各宾馆、度假中心的潜水服务中心	提供体验潜水的服务
葡萄牙	里斯本的趣志家乐园	提供体验法官、消防员、医生等各种职业的服务，主要面向青少年
西班牙	奇恩根（Chinchon）的古堡式旅馆——Parador de Chinchon	该旅馆是由17世纪奥古斯汀风格的修道院改建的，提供住宿服务，同时消费者可以体验古堡的情趣
埃及	开罗锡瓦的各种沙疗中心	提供体验沙疗的服务
埃及	沙姆沙伊赫（Sharm el Sheikh）潜水基地	沙姆沙伊赫地区的珊瑚礁极为出名，是世界著名的潜水中心，提供体验潜水的服务

续表

国家	项目	服务内容
加拿大	加拿大北部博德莱——仿因纽特人生活的小村庄	专供游人参观或来此亲身体验雪屋生活,村里有工作人员昼夜为游人提供各种服务,许多工作人员都是因纽特人,为游人盖雪屋是他们的拿手好戏。加拿大的城里人喜欢利用节假日带着一家老少来到这里,租一间大雪屋住上一两宿,体验因纽特人的生活
美国	美国零重力飞行公司(Zero Gravity Corporation)	美国佛罗里达州的零重力公司利用波音737-200飞机——"重力1号"(G-Force One)飞行抛物线弹道,在机内暂时产生失重环境,把希望体验失重感觉的人们送进一个全新的世界。乘客在机舱里失重,可以变成"超人",轻飘飘地自由飞行。整个过程将持续一分钟,每次飞行将重复十五次,总的飞行时间约90分钟。每位游客的票价约3750美元。全机将有7位驾驶员和乘务员,最多可以搭载50位乘客
墨西哥	墨西哥市的趣志家乐园	提供体验法官、消防员、医生等各种职业的服务,主要面向青少年
阿拉伯联合酋长国	迪拜市迪拜购物中心的趣志家乐园	提供体验法官、消防员、医生等各种职业的服务,主要面向青少年
南非	西开普省小卡鲁地区(Klein Karoo)奥茨颂鸵鸟农场	提供体验骑鸵鸟、喂鸵鸟、踩鸵鸟蛋的服务
澳大利亚	维多利亚大沙漠的沙疗洲	提供体验沙疗的服务

部分其他不规则的体验服务[①]

表 10 – 3　　　　　　　　部分其他不规则的体验服务

序号	项　目	服务内容
1	（北京）全聚德烤鸭店	让顾客亲身体验该店的"烤鸭"这一程序
2	（北京）中国航天员科研训练中心和《航天员》杂志社	2006 年 8 月在北京航天城举办了首届中国航天员体验营，来自全国各地的青少年在航天教练员的陪护下，体验了航天员的部分训练项目：穿上航天服体验临飞状态和服装加压后的感受，体验失重和超重生活，在"太空厨房"制作和品尝航天食物[②]
3	（北京）北京市丰台区花乡大堡台的世界公园	在 2007 年 9 月中秋节来临之际举办了"穿汉服，吟古诗，吃月饼，赏明月，庆中秋"活动，让外国人身穿汉服，亲身体验中国古代的拜礼、饮酒礼、揖让礼、射礼等传统礼仪
4	（北京）国家京剧院、北京市旅游局、北京领航旅行社联合推出的"中国京剧体验之旅"	消费者将在体验之旅中参观北京剧装厂并亲手尝试设计、扎样、刷样、色印、刺绣等剧装生产工艺；近距离接触京剧名角，在这些艺术家的指导下学一学唱念做打

① 所谓不规则的体验服务，是指偶尔为之、不经常性提供的体验服务，例如在展览会、艺术节、文化节、比赛中顺便提供的体验服务。

② 资料来源：《中国青年报》8 月 29 日，第 12091 期，头版，电子版网络地址：http://zqb.cyol.com/content/2006 – 08/29/content_ 1493616. htm。

续表

序号	项　　目	服务内容
5	（吉林，长春）吉林省长春市国际会展中心	在 2006 年 2 月举办"飞向太空——中国载人航天（长春）展"时让参观者体验宇航员的训练项目①
6	（陕西，延安市）中宣部、中央外宣办、国家广电总局、新闻出版总署、中国记协	2009 年 7 月 16 ~ 19 日，中宣部、中央外宣办、国家广电总局、新闻出版总署、中国记协组织了"百名青年编辑记者延安行——体验陕北农村生活"活动，参加活动的百名青年记者分成 10 组，在陕西延安市安塞县辖下乡镇进行了三天与农户同吃、同住、同劳动的生活体验活动
7	陕西省西安市的美国普源教育中心中国联谊会	2007 年 7 月 17 ~ 20 日，19 名来自美国的师生在美国普源教育中心中国联谊会的组织下在西安市长安区大兆街道办庞留村体验生活，他们吃在农家，住在农家，锄地，施肥，学中文，练书法，唱中文歌，和中国孩子相互交流
8	山西省晋中市祁县的渠家大院	2006 年国庆前夕，祁县推出了明清古院落游通票，让游客在游玩中体验晋商文化。其中有让游客参与《合诗择婿》拍摄、体验演戏的环节
9	（上海）上海的世界博览园企业馆展区的远大馆	提供体验地震的服务，包括体验汶川地震、玉树地震的震级
10	（上海）上海的世界博览园育乐湾儿童职业体验馆	提供体验邮递员、警察、医生等各种职业的服务，主要面向青少年
11	湖北省武汉市的东湖公园管理处	在管理处等单位组织的东湖端午文化旅游节上向游客提供体验划龙舟、乘坐热气球、包粽子（主要是面向外国游客）的服务
12	（福建，福州）《海峡都市报》和福州麦当劳公司	组织了一批福州城里的孩子到山区体验农村生活，和当地小学生共度儿童节

---

① 参见《中国青年报》2006 年 2 月 27 日（总第 11911 期）第 1 版，图片新闻。

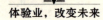

序号	项　目	服务内容
13	（四川，成都）成都师范学校附属小学	2006 年 7 月 2 日，该校组织的成师附小雏鹰假日小分队的同学到成都三圣乡开展暑假社会实践活动，中间安排学生体验了农村生活，包括采摘果实、锄草等
14	（湖南，汝城）共青团汝城县委、香港路德会赛马会华明综合服务中心、香港苗圃行动	2004 年元旦期间，三单位共同组织 26 位香港青年朋友参加了"农村体验——爱心之旅汝城行 2003"活动，他们体验了农村生活，吃农村饭，乘坐拖拉机，参加义务劳动，体会烧炭人和养蜂人的苦与乐，并到附城的中学与学生们一起上课联欢等①
15	（湖南，长沙）长沙橘子洲沙滩游乐园	2010 年 9 月开园期间同时举办为期 6 个月的首届橘子洲沙雕艺术节，在艺术节上提供了体验沙雕的服务
16	（浙江，宁波）宁波原动力训练学校	2004 年 3 月 25 日，在浙江宁波参加美国博格华纳集团高层峰会的美、英等国家分公司的 30 位总裁和副总裁等在会议间隙由该校组织，在天一阁博物馆体验了中国传统文化，包括利用指南针等工具寻找活动地点、拓印古碑、体验雕版印刷、穿戴古代戏装等②
17	（河南，开封）开封清明上河园	在开封清明上河园举办的"第二届清明上河节"期间，游客可以在园内体验"参与汴河漕运，做一回大宋的纤夫"，体验蹴鞠比赛等大宋游艺活动
18	（广东，深圳）	2006 年深圳"大梅沙国际沙雕节"期间，消费者可以进入沙雕园区，由国际著名沙雕手亲手指导制作小沙雕，体验沙雕的乐趣

---

　　① 资料来源：新华网郴州站，具体网址：http：//www. hn. xinhuanet. com/zfwq/2004 – 01/12/content_ 1489628. htm，最后一次上网验证时间：2006 – 7 – 17。

　　② 资料来源：浙江在线的世纪摄影频道（http：//www. zjol. com. cn/gb/node2/node13984/node13987/userobject15ai2505984. html）。

续表

序号	项　目	服务内容
19	（广西，南宁）	2009 年，广西科技馆、广西青少年科技活动中心与广西各学校牵手，在"2009 年青少科学调查体验活动"中让广大学生体验造纸，提倡节约、环保理念
20	（台湾，嘉义市）	2009 年 5 月，嘉义大学农艺志工队举办"农村生活体验营"，170 名国小学童体验下田插秧、扎稻草人，实际体验"谁知盘中飧，粒粒皆辛苦"的农民的辛劳
21	（日本，东京）	东京银座一丁目"银座农园"公司在其举办的"在银座种大米 2009"活动中为小朋友提供体验插秧的服务
22	（韩国，首尔）	韩亚航空公司 2005 年 9 月在首尔训练院举办了"儿童一天乘务员体验"活动，参加活动的小朋友们可以体验乘务员的工作和生活，包括微笑服务等

参考文献 References

工具类

[1] 现代汉语词典．北京：商务印书馆，1996 年修订第 3 版

[2] 中国社会科学院语言研究所词典编辑室编．现代汉语词典（2002 年增补本）．北京：商务印书馆，2002

[3] 新世纪汉英大词典．北京：外语教学与研究出版社，2003

[4] The New Oxford Dictionary of English. edited by Judy Pearsall, Oxford：Clarendon Press, 1998, 上海：上海外语教育出版社，2001

[5] Macmillan English Dictionary For Advanced Learners of American English, United Kingdom：Macmillan Publishers Limited, 1991, 北京：外语教学与研究出版社，2003

[6] 中华人民共和国国家统计局编．中国统计年鉴（2008）．北京：中国统计出版社，2008

[7] 中华人民共和国国家统计局编．中国统计年鉴（2011）．北京：中国统计出版社，2011

[8] 中华人民共和国国家统计局编．国际统计年鉴（2009）．北京：中国统计出版社，2009

[9] 中华人民共和国国家统计局编．国际统计年鉴（2011）．北京：中国统计出版社，2011

[10] 中华人民共和国国家旅游局编．中国旅游年鉴（2011）．北京：中国旅游出版社，2011

[11] 中华人民共和国国家旅游局编．中国旅游统计年鉴（2011）．北京：中国旅游出版社，2011

[12] 中国城市竞争力研究会，香港浸会大学当代中国研究所编．中国城市竞争力年鉴（2011）．深圳：海天出版社，2011

［13］ James D. Gwartney 和 Robert Lawson 等．Economic Freedom of the World：2009 Annual Report，Economic Freedom Network，2009

［14］ 中华人民共和国国家统计局人口与就业统计司编．中国人口与就业统计年鉴（2008）．北京：中国统计出版社，2008

［15］ 国家民族事务委员会经济发展司，国家统计局国民经济综合统计司编．中国民族统计年鉴，北京：民族出版社，2008

［16］ 世界经济年鉴 - 2005/2006 年卷．北京：世界经济年鉴编辑委员会，2006

书籍类

［17］［古希腊］亚里士多德著．吴寿彭译．形而上学．北京：商务印书馆，1959

［18］ Klaus Schwab，世界经济论坛编辑．Global Competitiveness Report 2011 - 2012．瑞士：世界经济论坛，2011

［19］ 苏东水主编．产业经济学．北京：高等教育出版社，2000

［20］ 王琪延等．休闲经济．北京：中国人民大学出版社，2005

［21］ 郭鲁芳等编著．旅游经济学．杭州：浙江大学出版社，2005

［22］［美］阿尔文·托夫勒著．孟广均，吴宣豪，黄炎林，顺江译．未来的冲击．北京：新华出版社，1996

［23］［美］B·约瑟夫·派恩 詹姆斯·H·吉尔摩著．夏业良，鲁炜等译．体验经济．北京：机械工业出版社，2002

［24］［美］肖恩·史密斯（Shaun Smith）乔·惠勒（Joe Wheeler）著．韩顺平，吴爱胤译．顾客体验品牌化——体验经济在营销中的应用．北京：机械工业出版社，2004

［25］ 边四光．体验经济：全新的财富理念．上海：学林出版社，2003

［26］［美］Philip Kotler（菲利普·科特勒）、John Bowen（约翰·保文）、James C. Makens（詹姆斯·C·迈肯斯）著．谢彦君译．旅游市场营销（Marketing for Hospitality and Tourism）．北京：旅游教育出版社，2002

［27］ 姜奇平．体验经济——来自变革前沿的报告．北京：社会科学文献出版社，2002

［28］ 周岩，远江．体验营销．北京：当代世界出版社，2002

［29］ 唐留雄．现代旅游产业经济学．广州：广东旅游出版社，2001

［30］ 魏小安，刘赵平，张树民．中国旅游业新世纪发展大趋势．广州：广东旅游出版社，1999

[31] 王介南. 中外文化交流史. 太原: 书海出版社, 2004

[32] 袁行霈主编. 中华文明史 (第三卷). 北京: 北京大学出版社, 2006

[33] 李斌城主编. 唐代文化. 北京: 中国社会科学出版社, 2002

[34] [清] 沈德潜编. 苗洪, 赵英敏注. 古诗源. 北京: 华夏出版社, 2006

[35] 胡戟, 张弓, 李斌城, 葛承雍主编. 二十世纪唐研究. 北京: 中国社会科学出版社, 2002

[36] 陈文华. 长江流域茶文化. 武汉: 湖北教育出版社, 2004

[37] 万海清, 赵振镰主编. 生命科学概论. 北京: 化学工业出版社, 2001

[38] 北京大学生命科学学院编写组编. 生命科学导论. 北京: 高等教育出版社. 2000

[39] [奥] 弗洛伊德著. 高觉敷译. 精神分析引论. 北京: 商务印书馆, 1984

[40] [古希腊] 亚里士多德著. 吴寿彭译. 形而上学. 北京: 商务印书馆, 1959

[41] [美] A. H. 马斯洛著. 许金声, 程朝翔译. 动机与人格. 北京: 华夏出版社, 1987

[42] 李德顺. 新价值论. 昆明: 云南人民出版社, 2004

[43] 赵家祥, 聂锦芳, 张立波. 马克思主义哲学教程. 北京: 北京大学出版社, 2003

[44] 张远山. 告别五千年. 西安: 西北大学出版社, 2002

[45] 张宪周、张泽琪主编. 中外节庆大观. 南昌: 江西高校出版社, 1996

[46] 高明强, 刘祖乐编著. 世界人生礼俗大观. 北京: 中央民族大学出版社, 1999

[47] 吴忠军主编. 中外民俗. 大连: 东北财经大学出版社, 2001

[48] 陈宏薇, 陈浪编. 西方国家节日谈趣. 武汉: 湖北教育出版社, 1999

[49] 钟敬文主编. 中国礼仪全书. 合肥: 安徽科学技术出版社, 2000

[50] 乌丙安. 中国民俗学. 沈阳: 辽宁大学出版社, 1999

[51] 奥古斯托·洛佩兹 – 克拉罗斯、迈克尔·E·波特、克劳斯·施瓦布著, 杨世伟、锁箭、毛剑梅译. 全球竞争力报告 (2005 – 2006). 北京: 经济管理出版社, 2006

[52] 布莱克韦尔 米尼德 恩格尔著, 徐海、朱红祥、于涛译. 消费者行为学 (Consumer Behavior). 北京: 机械工业出版社, 2003

[53] [美] 理查德·弗罗里达 (Richard Florida) 著, 方海萍、魏清江译. 创意经济. 北京: 中国人民大学出版社, 2006

[54] [美] 加里·阿姆斯特朗、菲利普·科特勒著, 俞利军译. 科特勒市场营销教程. 北京: 华夏出版社, 2004

[55] 杨公朴, 夏大慰主编. 现代产业经济学 (第二版). 上海: 上海财经大学出版社, 2005

［56］杨公朴主编．产业经济学．上海：上海复旦大学出版社，2005

［57］刘纯主编．旅游心理学．北京：高等教育出版社，2004

其他类

［58］2011 年 10 月 18 日中国共产党第十七届中央委员会第六次全体会议通过的《中共中央关于深化
文化体制改革推动社会主义文化大发展大繁荣若干重大问题的决定》